【マネジメントの基本】選書

中堅社員・どう能力を伸ばすか

畠山芳雄

Yoshio Hatakeyama

日本能率協会マネジメントセンター

中堅社員・どう能力を伸ばすか

まえがき

工場や研究所、管理部門や営業で働く第一線の社員は、日本がいま世界に誇ることのできる人びとだといえる。やる気十分でよく働き、自分の会社を誇りに思い、他社に遅れはとるまいと自発的に仕事を工夫する。互いに助けあい、チームワークは一般によい。

日本の会社の多くは、一九九〇年代に始まった長期不況、いわゆる「失われた10年」の間に、解決が難事とされていた多くの不良体質を改善することに成功した。

毎年累増して経営の重圧となっていた総人件費問題を解決し、「選択と集中」の旗印のもと、得意とする主力商品に生産種類を絞り込んで商品構成を重点化し、連結決算制度がきっかけとなって、宿年の課題だった不良関係会社の整理が進んだ。そしてこれらの決断と実行を通じて経営者層は自信を持ち、トップダウンのリーダーシップを発揮するようになった。

こうした諸々の内部的成果が高業績を生み、経済は一般に順調に発展しつつあるが、これからの課題もまた数多く、一刻の油断もできない。諸改革が不完全で格差をつけられた企業は、早急に追いつく努力をしなくてはならないし、どの業界でも新商品の連続開発体制はさらに強化し、一つの不発品も許されない。

海外生産の本格化、世界企業をめざす活動はこれからだし、経営要員の増員育成や社内の士気を高める施策は、さらに重要である。第一線における諸改善活動による利益創出も、いまの程度ではまだ満足できない。

ではこのなかで、社員はどう考え、どう行動すべきなのか。会社と社員の要求を両立させ、さらに魅力的な働く場を創る道は、ただひとつしかないと考える。それは全社員が**業績に直結した専門職**、真のプロフェッショナルをめざして自己革命を起こすことである。

業績直結の専門職は、特定の仕事で他の人が数人がかりを要するのを一人で片づける能力を持つ人、または自分の専門分野で社内随一の知識・判断・説得力を備え、改善・改革を実現して新しい利益を生み出す人を指す。いずれにせよ人が見て〝すごいな〟と思えるだけの際立った専門能力を持ち、実際に業績をあげる人である。

日本の社員は、やる気やチームワークにこそ優れてはいるが、そうした専門能力は、まだ欧米の社員に劣っている。意欲とチームワークに加え、一人ひとりが業績直結のプロフェッショナルとなってはじめて、日本の社員は世界最強の集団となる。

業績直結の専門職とは具体的には何か。どこがいままでと違い、そうなるために個々人は何を成すべきかを掘り下げるのが本書の目的だが、これに成功できるか否かの鍵は一人ひとりの自立心にあると思う。会社や上役同僚への無意識の甘えや依存心、ついていけば何とかなるという気持ちのあるうちは、この自己革命は成功しないだろう。

自分を変えるのは結局、自分以外にはない。そして肝心なのは「行動を起こす」ことである。この自己革命に多くの人びとが成功し、会社もまた新たな生命力を得て、未踏の時代を切り拓くことを、心から願ってやまない。

二〇〇六年二月

畠山芳雄

目次

第2章

基本動作の再チェック

第3章 専門職基礎態度のチェック

第4章 専門能力を革新する

3 改善力の革新

4 管理力の革新

5 表現力の革新

第5章

指導能力を革新する

4 人を成長させる

第1章

これからの経営と社員への期待

ここでいう業績に直結した専門職の能力構造の概念は、
下図のようなものである。
まずこれからの社員への要求について検討し、
ついで基礎部分から順次考えていくことにしたい。

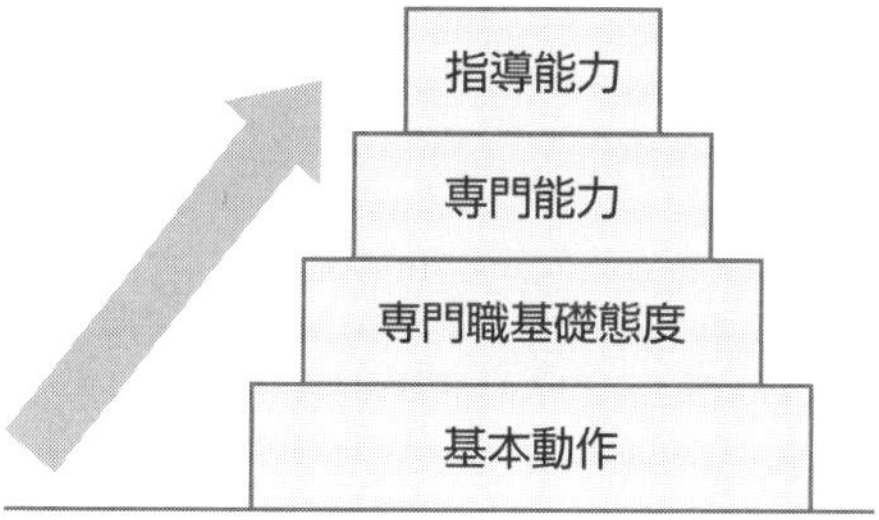

1 内部努力がすべてを制す

これからの社員がどうあるべきかを考えるにはまず、自分の運命を託す企業の経営そのものが今後どのように変わり、それに社員がどう対処しなければならないかを検討しなければならない。

一見、社員には遠く見える経営の巧拙の結果が、ある日突然自分の身にふりかかってくるのが今日の姿である。変化の激しいいまの時代、自分の仕事の方向を見定めるためにも、今後のあるべき方向を知ることは重大で、この認識は全社員に欠かせないものといえる。

◎――いままでと違う方法

いまの経営は、ひとつの会社の例外もなく、収支挟撃という状態におかれている。

日本は世界一の過当競争国である。激しい競争で売上は思うように伸びないのに、反面、エネルギーコストや原材料費、諸経費は上がる。したがって、いままでと同じ売り方やつくり方をしていると、いかに一生懸命働いても利益は毎年減り、ついにはなくなってしまう。

これは魅力的な新商品を持ち、売上が増えている業界でも同じことで、儲かると見るとたくさんの会社が同じ新商品をめざして市場に参入するため、成長市場では最初から大変な過当競争となり、儲からないケースが多い。

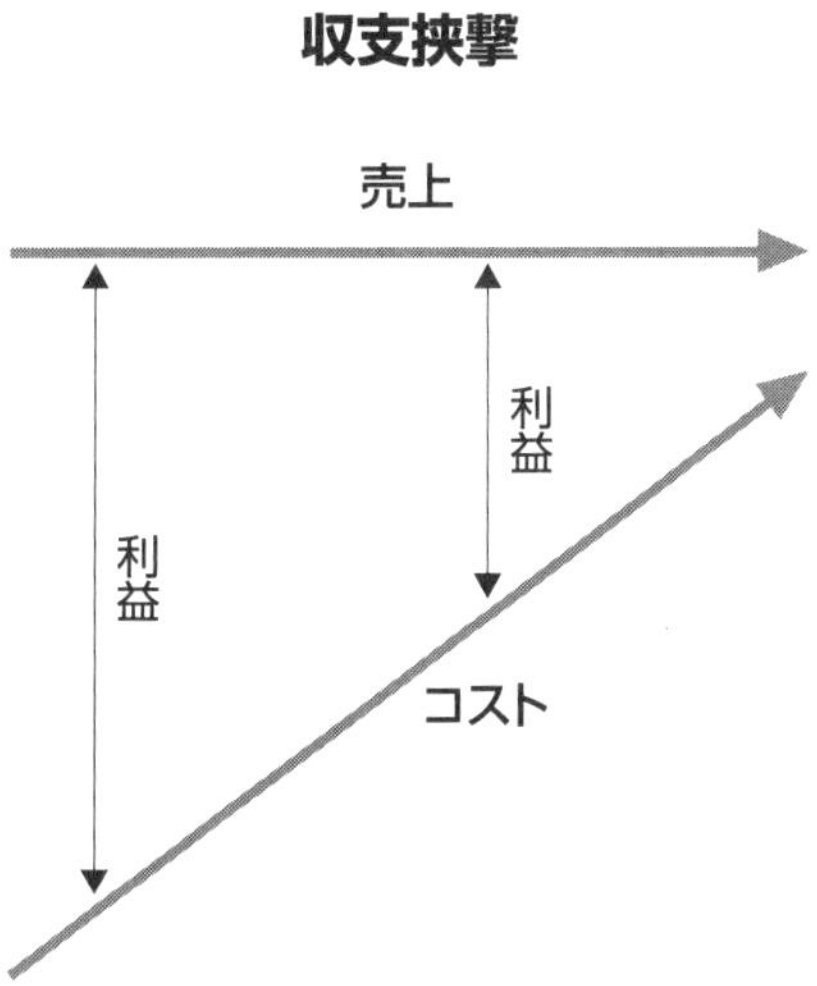

しかし利益は上げなければならない。生きていくにはいかに売上を増やしコストを下げるかが問題であり、このため企業内部でどのような努力がなされているかによって、企業が存続できるか否かが決まる。

売上を増やしコストを下げるには、いままでと同じやり方ではダメで、いずれにせよ**いままでと違う方法**を工夫し、それを実行して利益を生み出すほかはない。違う売り方、違

内部努力の方向

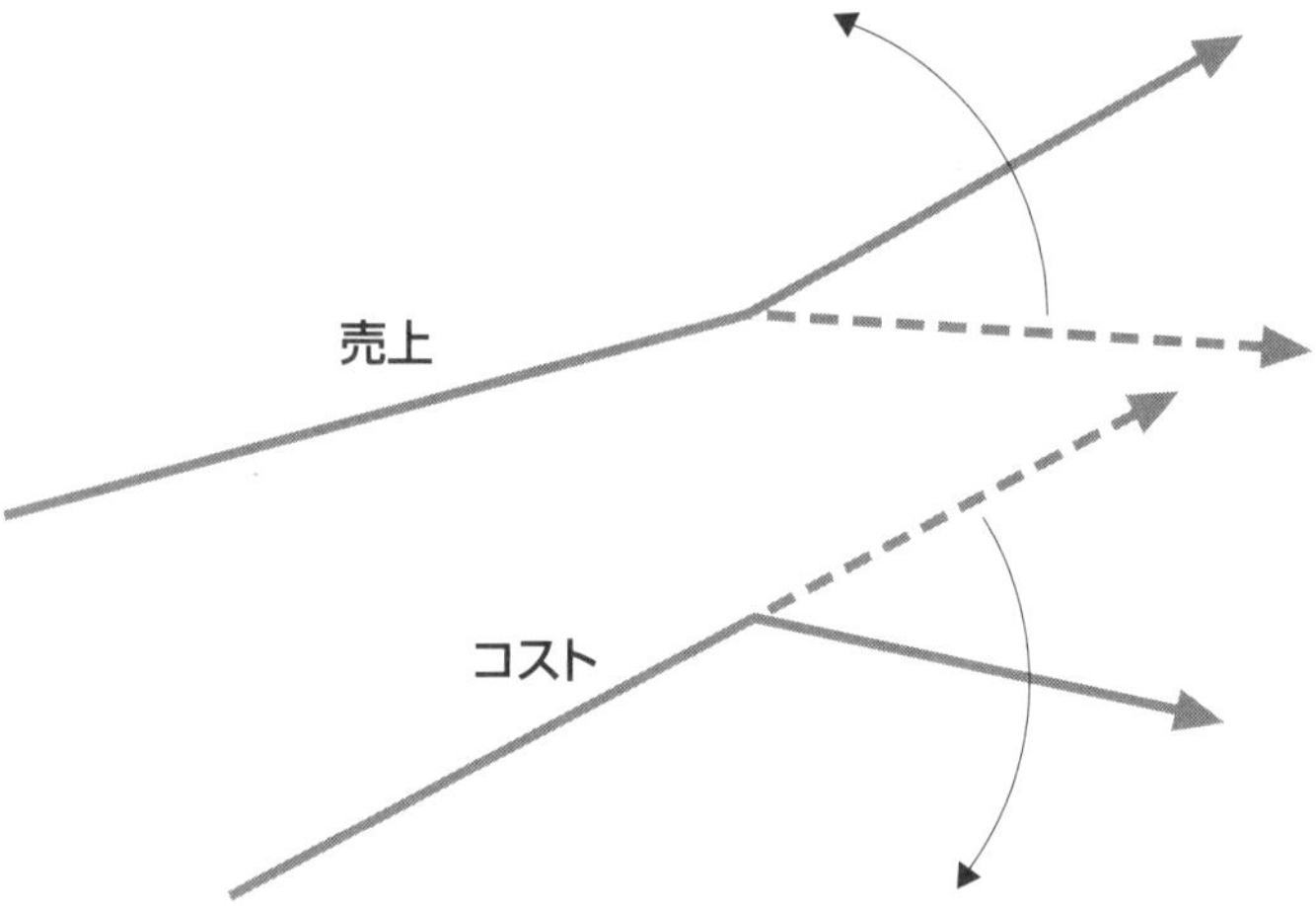

う研究や設計のしかた、違うつくり方買い方、違う事務のやり方、違う在庫管理の方法、違う人の配置やいままでと異なる日常活動によって、はじめて新たな利益が生まれる。

したがって社内における諸業務の革新や改善は、従来とは比較にならないほど重要なものとなってきた。社員としてはまず自分の担当する仕事について、**従来よりも速く、安く、ラクに、仕事の質をより高めるように自分の仕事を改善していく能力が求められる**。

大きな改革は経営者やマネジャーが主導すべきものだが、これらの多くは外部内部の変化に連動して起きるものであり、環境変化の兆候を最初に知るのは社員である。上役や関係部門への迅速な情報伝達と提案によって、大きな改革の発火点となることが求められる。

◎――自動採算集合体

改善や改革によって新たな利益を生み出すことは、経営者、中堅幹部、一般社員の社内全員の力によってやらねばならないことであり、この意味では会社のなかのどの「一部分」も、すべて黒字でなくてはならない時代である。

たとえば製品別に会社を見たとき、すべての製品が黒字である状態が目標である。むろん将来のための過渡的な赤字が出るのは止むを得ないときもあるが、この場合も毎年の改善努力によって赤字の幅を狭めていかなければならないし、最終的には安定した黒字とすることが必要である。

これは部門別に見ても同じ。工場や営業支店、事業部や、さらに分かれた独立計算単位の部門は、それぞれの単位で黒字であることが要請される。状況の変化に応じ、社内の全部門が自主的に対応し、自分の才覚できちんと黒字の状態を維持する。こうして会社が、**自律的に採算がとれる能力を持つ部門の集合体**であってはじめて、会社は安定した経営状態となる。経営者などの指図だけで利益を維持することのできた時代は、すでに過ぎ去ってしまったのである。

直接利益を計算できない総務や経理人事などのスタッフ部門でも、考え方は同じである。これらの部門は単に内部サービスを担当するだけでなく、専門事項についてラインや経営者に知恵を提供し、儲けさせるのが本来の仕事であり、これがうまくできないならば、もっと少ない人員で同じ仕事ができるよう工夫してコストを下げ、ラインと同様に業績に直結した存在にならなくてはならない。

社内で見ると、黒字の部門は意気が上がり、赤字の部門はシュンとしていることがある。この場合注意すべきことは、黒字であってもそれは自分たちの力でなく、単に先輩のつくった土台の上にあぐらをかいているにすぎないことが多いということだ。赤字なら、それこそ自分たちのやるべきことが山ほど残っていて手を下すのを待っているという認識が必要である。一時の数字に思い上がったり落胆したりしていては、これからの時代を生きていくことはできない。

うっかり満足して改善の努力を怠ると、黒字はすぐ消えてしまうことをよく認識し、冷静に、ただやるべきことをやるのみである。

◎——いなくなったら利益は減るか

この時代に、全社員の一人ひとりが考えたいことがひとつある。それは自分に対し次の質問を投げかけ、それに対する自分自身の答えを得ることだ。

それは、

いま自分が会社を辞めたら
会社の利益は減るか？

という質問である。この場合の利益とは、毎年発表される会社の決算書上の経常利益、半期や四半期あるいは月次の利益、またはプロジェクト別の利益などを指す。

この質問に対し、

「むろん減る。自分は今年これだけのことを発案し実行して利益を生み出した」

と言えるならば、自分は疑いもなく会社の業績に直結した存在であることを示す。

しかし反対に、自分がいてもいなくても会社の利益には関係がないのではないかとか、いや、いなくなったら自分の人件費分だけは会社が儲かるのではないかということだと、これは悲劇だ。
会社が利益を出すということは今日、決してやさしいことではなく、いろいろな人の工夫によってコストアップを吸収し、営業ががんばって、やっと利益を生み出している。そのなけなしの利益を自分が食べて減らしている、いうなれば「扶養家族」になっているとしたら、上役や仲間に対し、これほど恥ずかしいことはないだろう。
決まったことをただ一生懸命にやっているだけではダメだ。自分で仕事の改善を工夫し、自分で計算できるだけの利益を、毎年生み出す存在でありたい。

セルフ・チェック

考えながら読んでいただけるように、各所に自分をチェックする設問を設けている。自分がもっとも該当していると思うものに✓をつけながら読んでいただきたい。

❑ 自分が辞めたら会社の利益は必ず減る。
❑ 自分の昇給分くらいは、改善で毎年カバーしている。
❑ 自分が辞めたら、会社の利益は恐らく増えるだろう。

2 限られた需要の争奪

◎——伸びることは食うこと

いまの経営のもうひとつの特色は、限られた顧客に対して、たくさんの会社がひしめき、顧客の取りあいをしているということである。どのマーケットも企業が多過ぎてあふれかえり、ここからはみ出さざるを得ない会社も出てきている。

かつては、どの業界でも毎年需要が増大し、企業はそれに追いつくのに手一杯であった。しかしいまでは、連続して魅力的な新商品を繰り出している会社以外は国内の成長が止まり、それではと出ていった海外市場でも競争は激しい。要するに市場は会社で満員ということである。

限られた市場で満員で競争をするとき、経営には以前とは違った性格が加わってくる。

それは、

売上を伸ばすとはすなわち、他社を食うことであり、

売上が減ったとは他社に食われたことである

という動かし難い事実である。あまりよい言葉ではないが、食うか食われるか。自分の会社がいったい食う側に回っているか、それとも食われる側に回っているのかが、これからの自社の運命を占う道標である。

とくに気をつけねばならないことは、一度落ちた顧客は普通、永久に戻ってはこないことだ。高度成長時代は毎年総需要が拡大し新顧客が増えたので、いままでの顧客が落ちても新顧客がいくらでも増やせた。しかしいまはほとんどの商品について普及の段階は終わり、そのなかで取った取られたを繰り返している。そして顧客は一度離れると永久に戻らない。つかんだ会社は必死になって固定客にしようと、あらゆる手を打つからだ。

売上総額が伸びていても、落ちる顧客があるというのはこわい。新技術などによって需要が大きくなる市場はいまでも存在するが、売上の内容が問題である。顧客の入れ替わりが激しくては総額が増えていても何にもならない。

健全な売上の状態とは、大部分が固定客で落ちがほとんどなく、毎年これに新顧客が加わり、その新顧客も取引量が徐々に増えて、その落ちもないということである。これではじめて、総売上は毎年確実に増えていく。

◎――社員すべて営業担当者

いかに新顧客を増やし、いかに固定客として継続的に買ってもらえるようにするかということは、直接には営業部門やサービス部門が担当している。しかし、これは本来、自分がいまどのような部門に属しているかを問わず、全社員がこれを真剣に考え、そのために働く必要がある。

「うちは営業が弱くてダメなんだ」などということを平気で漏らす人がいる。私はこういう人に言いたい。「では、あなたが営業へ替わって売ってきなさい」と。

いま営業部門の人びとは、血みどろな戦いを毎日繰り返している。他部門から見ると歯がゆく見えるところがあるかもしれない。しかし「弱くてね」などと評論家のようなことを言う資格は、社員の誰にもない。

耐久消費財や家庭用品をつくっている会社なら、会社員はすべて口コミのセールス部隊であり、社外の人と接するあらゆる機会をとらえて宣伝し使用を奨めるべきだし、製品の弱点や問題点に関する情報は、ただちに細大漏らさず関係部署に伝える義務がある。

生産財メーカーも同様で、全社員は情報収集に関する責任があり、あらゆる人的な関係をフルに活用しなければならない。要するに社員は全員セールス担当だということであり、営業の批評をする機会があるなら一個でも一台でも一トンでも売ってもらいたいところだ。

顧客の固定化や組織化のための知恵は、部門にかかわらず全員が関心を持ち、総力戦でやるべきものである。

◎——シェアは力なり

いまは**二極分化**の時代である。

あらゆる業界で、伸びる会社と縮む会社の二つのグループに分かれてきつつある。この勢いは急激ではなく毎年少しずつ徐々に動くのが特徴的だ。

限られた市場に多数の会社が向かい、互いに激突するのだから勢い力《ちから》勝負となり、総合戦力で強い会社が伸び、弱い会社が食われる。これは必然の勢いであって、すべての業界で寡占化が、少しずつ進行している。

伸びる会社か縮む会社かを決める要因には、大きく見て二つあるように思われる。第一の要因はさきに述べた内部努力である。営業やサービス部門だけでなく技術部門や生産部門のコストダウンなどを含めた総合的な努力の程度の差が、どちらに分かれていくかを決める。

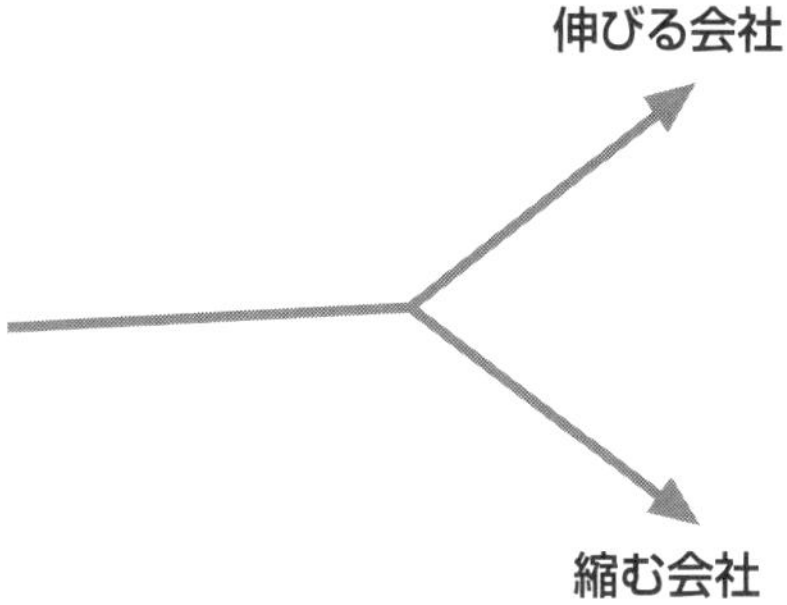

第二に注目すべき要因は市場占有率、シェアである。シェアの大きい会社は相対的に有利で伸びやすく、低い方は不利で努力をしても伸びにくく、縮小悪循環に陥りやすい。ハッキリいえば、シェアの大きい会社の営業はラクをしながら有利な闘いを進められるが、小さい会社の営業は苦労しても、なかなか伸びない。シェアの大きい商品を扱う営業部門の人は、いまの売上を自分の力とは思わない

方がよい。

シェアの小さい会社は、ただ一生懸命売るだけでは地位を保てない。特定の顧客層をしぼって深く掘り下げたり、自社の強い地域に特化したり、合併で一挙にシェアを高めるなど特別な知恵がいる。顧客をしっかりつかむためには特別な工夫がいる時代であり、これはシェアの問題に限らず、社内のほかの部門でも同じである。

これからは、体力や馬力だけでは勝負はつかず、万事社員の頭《あたま》で勝負が決まる。自信があるのは馬力だけで頭の柔軟さに問題があったり、いままでと全く違う発想や行動のできない人はいないないか。

馬力の方はほとんどの会社が卒業した。社員の価値は今後、頭の方で決まる。

セルフ・チェック

この点について自分は、
- ❑ 馬力も頭も問題である。
- ❑ 馬力は卒業したが、頭の方に問題がある。
- ❑ 両方、まずまずの水準といえる。

◎――他社と違うことを

市場が満員で、伸びるとは食うこと、縮むとは食われることである時代には、社員はいったい何を考えたらよいか。

これを一言でいえば、要するに他社と違うことをやらなくてはいけないということである。つくる商品は他社とひとあじ違っていなくてはならない。売り方やアフターサービスも、他社と同じでは価格競争の泥沼に落ちてしまう。研究、設計、設備、生産技術、製造も他社と違った特色のあることが必要であり、人事や経理、コストの管理方式や組織においても例外ではない。

〝人並み〟では、やっていけない時代である。他社の成功を見てそのやり方を真似るのは、何もしないよりはまだよいが、これだけではいつまでもその後塵を拝することになる。他社のやらない、気づいていないことを考え出し、これを実行しなければ追い抜くことはできない。

このためにはまず、これから起こるだろう問題を先へ先へと想定し、先手先手と手を打っていくことである。これをやるのは経営者や管理者であるが、これらの人を補佐して情報を集め、計画を立て、提案するのは社員である。もっと広い視野を持ち、よく社内外の状況を勉強して、問われたら直ちに答えられるだけの準備がいるし、積極的に提案して他社と違う独自の手を実現していく気構えが必要である。

そのためには**創造的な能力**が重要である。日常の仕事の枠組みのなかでしか考えることができず、次元の違う発想が難しいようでは困る。あらゆる情報媒体に注意深く眼を通し、機会をとらえて社会的見聞を広め、そのなかからヒントをつかんでくることが必要である。

技術系の人のなかに視野に問題のある人が多いのは、自分の専門への興味だけが深すぎることにも関係している。異質のものを見なければ日常的発想を脱することができず、企業経営以外の社会的な出来事や音楽、美術、宗教などといったことへ関心を持つのも役に立つ。

より**本質的なものの考え方**をすることも大切である。毎日の仕事はすべて、ある目的のためのひとつの方法として行われているにすぎないが、手段ばかりに詳しくて、その仕事のせんじつめた最終の目的をよく理解していないと、他社と違う発想はできない。

3　何時、何が起きるか

◎現場のミスが全社を揺るがす

いまは、企業の過失に起因する社会的大事件が、毎日のように報道される時代である。食品会社の食品事故。自動車メーカーのリコール隠し。家電製品による火災事故や建築物の設計偽装事件など、枚挙に暇がない。そしてこれらを転機とし、社運が大きく揺らぎ、なかには再起不能の致命傷となることも多く、そうでなくとも長く社会の不信が、会社についてまわる事態を招く。

問題なのは、こうした事件の発端となるのが、企業の上層部や管理者層ではなく、実務の第一線にある一般社員のレベルで起こるのが多いことである。むろん上の方にも責任があるが、それは「監督不行き届き」の場合が多く、起こした当事者は一般社員層のことが多い。一人の起こしたことが、企業全体に有形無形の大きな損害を与える時代である。

事件の起こった事情を調べていくと、日常の何でもないことから事件が起こっていることがわかる。普通の状態では起こり得べからざること、そんなことはきちんとやっていたはずだと思うことが、調べてみると、できていなかった。

◎――〝やっていたはずだ〟

〝やっていたはずだ〟と皆が思っていたことが、誰かの不注意か、これくらいはいいだろうと思ったことによって起こる。〝はずだ〟というのが大問題であって、ルールと事実上やっていたことが違うと、それが会社を揺るがす。

確認、やったかどうかのチェック、やった結果の確認が正確に行われているかどうか。日常のわれわれの仕事は、毎日同じように回転しているように見え、皆も何気なくやっているのだが、現実はそうではなく、ある日突然、こうしたことが起こる。

自分の職場に限ってそういうことはないという考え方は正しくない。なぜなら、問題を起こした職場は例外なく、自分の職場に対して大丈夫との確信を持っていて、他社で起こったことを他人事のように考えていた。この種の問題はそうした性質を持っており、万事の確認が重要である。

頼んだこと、やったことについてのチェックは、とくに確実を要するのが今日である。

◎――ノウハウの厚みの競争

決められていることを守るということは、極めて重要なことだ。ルールは当初、何らかの研究の結果か、以前に失敗した経験に基づいて決められており、必ず訳がある。いうなれば先輩の人びとのノウハウの蓄積されたものであって、自分の考えの如何《いかん》にかかわらず確実に行わなければならず、ルールどおりにできないときは、必ず上役の了解を得なくてはならない性格のものだ。

小集団活動などで各グループが、従来のやり方を改善していくのは非常に大事なことである。しかしこれは、いままでのルールを尊重しなくてよいということではなく、新しいやり方が最終的に決まるまでは、必ずいままでのやり方を確実に守らなければならない。

また改善案が決まったら、必ずこれを標準書として改訂明文化し、これを守る。やる気が大事だといって放任し、決めたことがいい加減になってはいけない。改善することと守ることは、ともに重要なことであって、この辺がいい加減になると、ある日大きな問題を起こすもととなる。

職場のルールが口伝えの慣習となっているために、大事なことが担当者の交替によって新任の人が知らず、悪意がないのに問題を起こすこともしばしばである。顔見知りの親しい仲間同士だから何も書いて残すことはない、結果的にやればいいんだろうという考え方は間違っており、必ず標準書やマニュアル、手引きとして、ノウハウを確実に伝承することが重要である。

いまの経営は、蓄積されたノウハウの厚みの競争だ。この貴重なものを職場ごとにきちんと文章化して蓄積し、正しく伝え、これが正確に守られる職場にしたいものである。

◎――始めから完全な仕事を

会社は結局、社会的に信頼されることによって生きている。何が起こるかわからない時代には、第一線で実際に会社を支える社員一人ひとりが社会的信用を担っていることを自覚し、このリスク（危険）の多い時代に完全な対処をしていくことが望まれる。

人間は神さまではなく、ミスはどうしても起こるという考え方は、われわれの採ることのできない態度である。ミスは結果的に社会に悪影響を及ぼし、誰かに迷惑をかけることを意味する。

日本企業の製品の品質は、いま世界的に優れたものと評価されているが、戦後日本が学んだ米国流の統計的品質管理では、不良品は統計的に必ず発生し、これを良品一〇〇パーセントになるよう検査し手直しをするのは引き合わないとの考え方であった。

しかし日本企業は結果的にこれを否定し、工程の自動化や検査の徹底で良品一〇〇パーセントの完全主義で臨み、これが製品の信頼性として全世界に評価され大きな飛躍をした。われわれの成功は、一〇〇パーセント完全を求めることへの挑戦の成果であったともいえる。

始めから完全な仕事ができるよう、まず最初にしっかり準備し計画を立てよう。実行の途中と結果をしっかり確認し、次の仕事に移ろう。互いのミスを自動的に仲間がカバーし、取りこぼしがひとつもない職場をつくろうではないか。

4 すべてが長期の闘いに

◎——粘り強さの価値

いまの時代は、他社に優越しようと思ったら、相当前に新しい発想をし、長い時間をかけて準備をしなければならないのが一つの特徴である。

強い商品を持つには、研究から開発、発売までとても長い時間がかかる。強い販売網は短い期間にはできず、数年から十年以上もかかる。一人ひとりの社員の能力レベルも同様だ。とにかく経営上重要な戦力要素はすべて、思い立ってすぐにはできず、何年前の何時ごろそれを決心したか、考えるだけでなく実行したか、途中でギブ・アップすることなく成果が出るまで続けたかどうかが最大の問題である。現在の業績は、今日の努力で成しとげたのではなく、数年前に考えて継続努力をした結果である。先進会社に追随ばかりしたり、当面の対策ばかりに走り回っていると、会社はおかしくなってしまう。

こうした長期の問題を発想する主役は経営者や管理者で、一般社員は主としてその指導に従って実行を受け持つ立場にあるが、この場合大切なことは、決まったことを粘り強く継続する力である。仕事が変わったときにはまず仕事の引き継ぎに関し、この種の重要事項がないかどうか、先任者のときに尻切れトンボになってしまった性格のものがないかどうかを確かめなければならない。

そうして長期継続の仕事については、それがどんなに地味で映えないことであっても黙々と粘り強く押し進めること。途中で他の業務などが忙しくなったとき、それにまぎれてウヤムヤにするようなことを戒めるべきである。

若いときには、とかくすぐ結果の出るものを喜び、そうでないとやりがいを感じない人もいるが、自分のやりがいのために会社が存在するわけではない。苦しくつらくとも、必要なことはキチンと実行し、認められる、認められないにこだわらず、やるべきことは自分の信念に基づいて黙々と果たす。これが社員のやるべきことだと思う。

さきに述べたように、いますぐにできることは経営上それほどの価値はなく、むしろ時間をかけて築きあげたものこそ、真の会社の力となるものである。オール・オア・ナッシングでなく、時間がかかることを恐れず、必要な役割を粘り強く、かつ正確に果たす人でありたい。

セルフ・チェック

自分の粘り強さは、

- ❑ ここが自分の問題である。
- ❑ とくに粘り強いとも、粘り強くないともいえない。
- ❑ 粘り強さの点では自信がある。

◎――早期自動警報装置

企画や人事、経理や生産・販売・研究所などのスタッフとして働く人びとには、いま新しい試練が待っている。

これらスタッフ部門の中堅社員の仕事の大部分は、ふつうルーティンワークで占められることが多い。計画の調整に関する事務や月例の報告、関連した諸連絡や特命の臨時業務など、それぞれの部門での仕事は多岐にわたる。

ここで重要なのは、自分もいずれ長期戦略の問題に携わるのだという自覚である。こうしたことは通常上役が発想し、それに必要な資料収集や部分仕事の下請をすることが多い。こういった部門にいる人は本当の意味でのスタッフとして育っていかなければならず、そしてそれは、ある日然るべき地位についたらすぐにやれるというものではない。

単に受け身で特命の事項にその都度従い、あるいは毎年その時期がきたら定期業務の準備をするというだけでは、能力も伸びないし面白くもない。真のスタッフとなるためには、いまから心掛けておくべきことがいろいろある。

その第一は、まず経営上の実績数字の分析と解釈の能力を養うことである。一般に業界の需要や売上、部門別の管理指標、コストや財務上の諸数値の長期的傾向について、従来と異なった兆候を早期に発見し警報を発するのがスタッフの共通任務のひとつだが、習慣的形式的な分析や解釈に流れ、真に会社に必要な**自動警報装置**になっているとはいえない傾向もある。

いまの時代は、他社よりどれだけ早く新しい兆候をつかみ、どれだけ早く対策に着手したかによって勝敗が決まる。各部門のスタッフが真に早期自動警報装置として作動しているかどうかが、この第一歩の分かれ目である。

スタッフの任務は、数字の計算ではなく数字の解釈にある。有能な人は何気ない表を見て重要な傾向を発見するが、そうでない人は単なる数字の羅列にしか見えない。数字は通常いろいろな事実を裏に隠しているが、これを解釈し、重要な事実を提示助言するのがスタッフの力量である。

自分が気づかずにいて、それを見た上役から思わぬことを言われ、なるほどと思うようではスタッフ失格である。常に先手で兆候や問題を指摘するためにこそスタッフがあるのだ。

◎——憂社の議論

第二にスタッフは、もっと生産や販売などの現場に密着し、いま起こりつつある諸問題やその影響度を熟知したうえで、さらに豊富な社外情報を持つべきもので、この上に立って先手先手で有用かつ実際的な提案を行う能力を持たなくてはならない。

弱いスタッフ部門を見ると、ラインの実態をよく知らないか、ラインの人を上回る社内外情報を持たないか、実際的な提案にまとめあげる能力がないかのいずれかである。現場は一般に「現実に眼がくらんでいる」傾向があり、一歩離れた地点から巨視的に判断を組み立てるところに、スタッフとしての分業の役割がある。

第三には、スタッフは長期の戦略発想を自分で考えるべきである。これは決して部課長など幹部の「専売品」ではなく、大胆に、笑われることを恐れず仮説を提起する必要がある。同じ年代の関係他部門の仲間と議論したり情報を交換したりすることも大切だ。これを繰り返しているうちに、経営を見る眼が養われる。最初は青くさい議論になるかもしれないが、それでもよい。

スタッフに限らず、社員はもっと「憂社の議論」をすべきである。上役は常に長期的発想を持っているとは限らないし、いま必要なことを上役がやっておかなかった報いは、先輩がいなくなったときに返ってくる。先を考える責任は、上役先輩よりも、むしろ長く在社することになる若手にあるといえるだろう。

5 業績直結の専門職へ

◎――プロフェッショナルの時代

これからの社員は、全員がプロフェッショナルであることが要請されている。

ここでいうプロフェッショナルとは、ある特定の分野で人に秀でた能力を持ち、まわりからもそれを認められている人を指す。何でも一応こなせるが、とくに優れた特徴のない素人の反対である。

かつては、素人の集団でも、指導者さえしっかりしていれば存立できた。しかし、競争が激しいいまでは、社内のどの部署をとっても一騎当千、その職務に必要な専門能力を備えた人びとが配置され活動しているのでなければ、やっていけない。

企業間競争の勝敗とは、同じポストにある同業他社の人同士の競争の総和の優劣で決まる。受付担当者は、他社の受付担当者とその感じのよさで競争し、資材購買担当者は他社の担当者と、価格や納期などで競争している。われわれが日常直面しているのは、同業他社で、自分と同じ仕事をしている人との毎日の競争なのだ。これは、直接自分の目には見えないが、厳然たる事実であり、自分がこの競争に耐えるだけの、相手以上の専門能力を必要としていることを、もっと強く意識していなくてはなるまい。

専門能力というものは、一朝には育たない。専門の基礎訓練を受け、先輩のもとで実務経験をつむなかで成功したり失敗したりして修練し、各種の工夫を重ね、社内外での教育に参加して能力に磨きをかけていく。専門への誇りと強い執着、一流の専門職をめざす自主努力を続けていなければ、プロフェッショナルにはなれない。

しかし、やればできる。優れた会社は、互いに刺激しあい励ましあって、一人で他社社員何人分かの仕事をこなす、文字通り一騎当千の人びとを擁するようになった。時間はかかるが、それは可能だ。以下そのための考え方と方法について述べたい。

かつて「プロフェッショナル」という米国映画があった。その主人公が、「プロフェッショナルとは、要するに『銭（ぜに）のとれる奴だ』」と言うくだりがある。

ここでいう業績直結とは、『銭のとれる奴』。つまり会社のために自分で利益を生み出すことを意味している。

◎——四つの関門

業績直結の専門職をめざす人は、誰でも四つの関門をパスしなければならない。

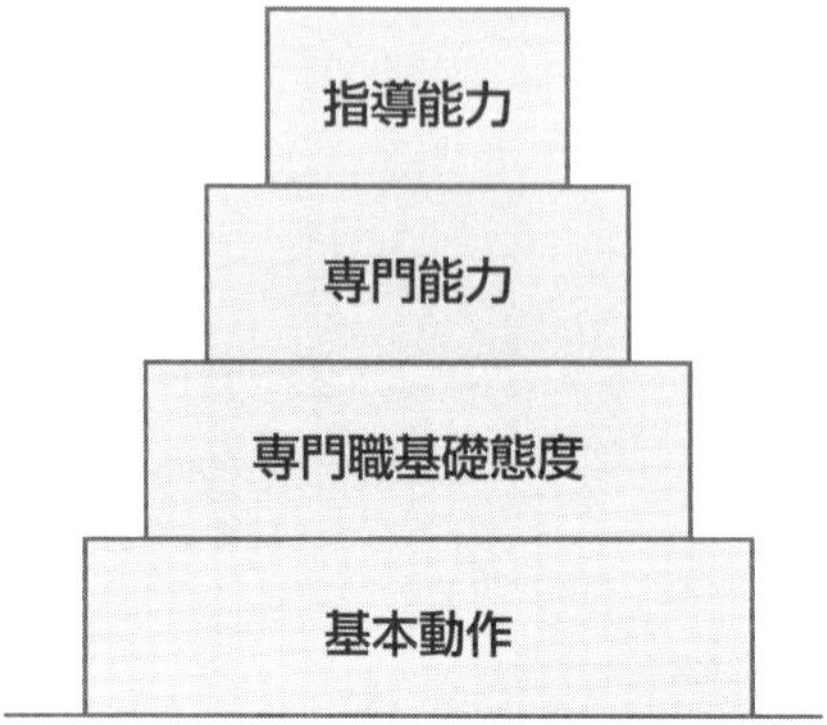

その第一の関門は、組織人としての**基本動作**を完全に身につけ終わったかどうかである。本来は新人段階で卒業したいことが、中堅や役付きになっても部分的に未卒業の人も多い。気づいていないと、これが成長の足をひっぱる最大の原因となる。

第二の関門は**専門職基礎態度**、プロになるための中堅社員としての基礎工事である。大事なことがいろいろあるが、これが意外にわかっていない。これが固まっていないと、次の段階がうまくいかない。

第三の関門は**専門能力**、担当業務についての専門家としての能力である。現状ではアマチュアレベルの人がまだ多い。

第四の関門は、監督者、プレイング・マネジャーあるいはプロジェクト・リーダーとしての**指導能力**を身につけることである。後輩を指導してその能力を高め、あるいは持つ能力を完全に発揮させる力を持つこと。この能力はマネジャー職に進む人も幹部専門職になる人も、ともに必要となる。

この四段階は一つずつ順次に昇るのがもっとも早道だが、現実の人の能力構造では、専門能力は相当のレベルなのに、第一関門の基本動作のある部分ができていないという風に、いびつになっていることが多い。

こうなると低い部分に足をとられ、肝心の能力が帳消しになって大いに損をするものだ。むやみと上を見て背伸びをするのではなく、基本や基礎で自分が不完全な部分をしっかりつかみ、早めに修正すること。基本は常に大事なものだ。

◎——自分を直視する能力

人間誰しも、自分に対する欲目《よくめ》を持っている。

しかし淋しい思いをしたくないために、自分のあるがままの姿を冷静に見ることができないとしたら、それは疑いもなく自分を成長させるための障害となる。誰でも自分の能力を高めたいと思っているが、**自分を伸ばすのは自分以外にはない**。

自分の力を伸ばそうと思ったら、まず自分を素直に見る心が大切だ。いってみれば自分を自分の手のひらに乗せて客観的に観察し、どの辺がまあまあか、どの辺を注意して考えなければならないかを調べる。そして自分が気をつけねばならないことを、人から言われなくとも自主的に直すようにつとめることである。

弱点を持つことは、何も恥ずかしいことではない。それは、いかに優秀に見える人でも、人間ならば全員必ず持っているものであるからだ。恥ずかしいのは、直すべき部分があるのにそれを見ようとしなかったり、気づいていなかったりすることである。

伸びる人とは、**自分をよく知る人**であり、素直に自分を直視することができる人だ。意識すれば人間は自然に仕事のなかで変わっていくものである。

要約　これからの経営と社員への期待

1 自分がこれからどうあるべきかは、これからの経営のあり方によって決まる。まず経営に関心を持ち、これからのあり方を知り、自分の方向をそれによって決めなければならない。

2 売上は伸びないのにコストだけは一方的に毎年上がるという収支挾撃の時代に対応するには、万事「いままでと違う方法」で、全員が手分けして自分の持ち場で利益を生み出し、会社が自動採算集合体に変わる必要がある。

3 自分がいなくなったら会社の利益は減るか？　自分で利益を生み出し、「扶養家族」にならない心構えが全員に必要である。

4 限られた需要を争奪するいまの時代では、伸びることとは食うことであり、社員すべてが営業担当者となり、他社と違うやり方を編み出さなければならない。

5 第一線での小さなミスが全社を揺るがす。すべての仕事に確認が重要であり、決まりは必ず守られねばならず、ノウハウの蓄積を確実に行って完全な仕事をすることがとくに重要となった。

6 他社より早く問題をつかみ、継続した努力によって成果を生む長期の闘いで勝敗が決まる。各部門スタッフは早期自動警報装置の機能を確実に果たす責任があり、社員一般に粘り強い継続努力の能力が求められる。

7 業績に直結したプロフェッショナルとなることが、これからの社員の最大の目標である。

8 業績直結の専門職となるためには、基本動作と専門職基礎態度を卒業し、その上に専門能力と指導能力を築く必要があり、その成長には自分を素直に見る態度が求められる。

第2章

基本動作の再チェック

業績直結の専門職となるための四つの関門の第一は、
組織人としての基本動作を完全に身につけることである。
これには多くのことがあるが、ここではとくに中堅社員段階までに
卒業しておくべき重要なものを10項目あげた。
平凡なことだがきちんとしていないものがたいていある。
念を入れた再チェックを期待する。

※項目ごとに、最初に設問がある。
自分にもっともよく当てはまるもの一つにチェックして下さい。
チェックできないところを反省し、
明日から行動を切り換える必要があります。

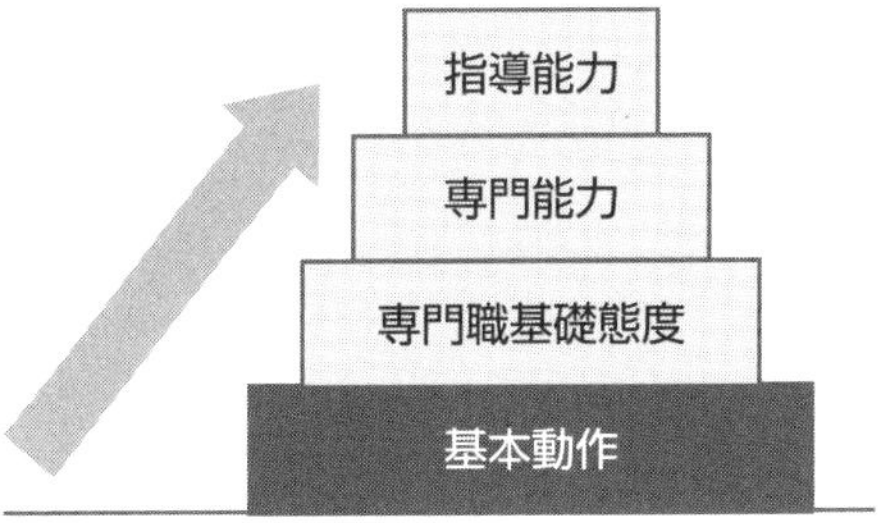

1 実行報告

セルフ・チェック

自分が指示を受け、または頼まれて実行したことの結果については、

- ❑ いつも相手から催促される前に先手で報告する。
- ❑ たまに相手から催促されることがある。
- ❑ ときどき催促される。

指示されたことを実行しただけでは仕事が終わったことにならない。その結果を頼んだ人に報告して、はじめて一ラウンドが終了する。実行したのにその結果を報告していない状態では、その仕事はまだ終わっていない。

きわめて単純な依頼でも、相手に一言終了を報告するのがエチケットである。このとき相手はそれに関連したことを一瞬思い出し、次の手を打つことが多いからだ。

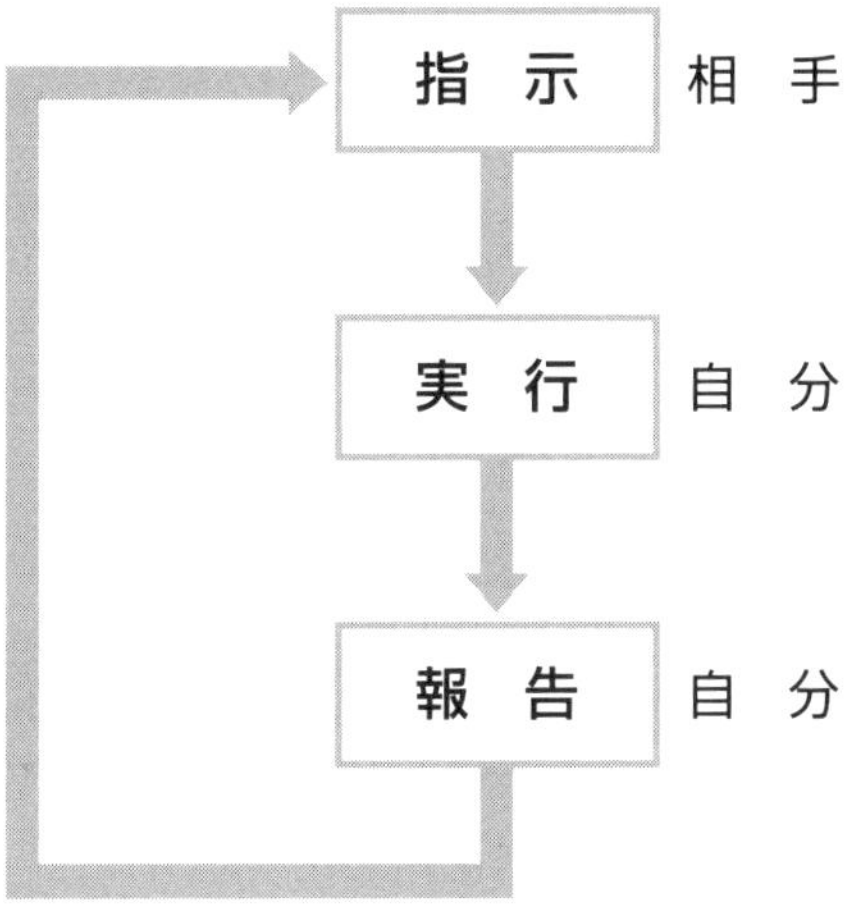

頼まれたことについて、〝あれ、どうなった？〟と催促されたら、これは完全なミスで、「やりっ放し」を注意されたと思わねばならない。報告は先手でやるもので、**催促されたら自分の負け**である。それがたとえどんな理由であっても……。

〝あれ、どうなった？〟が多い職場ほど、ミスや取りこぼしが多い。これは頼まれたことの実行報告だけでなく、自分の仕事の進行状況などについての報告も同じである。

〝あれ、どうなってる？〟を上役や同僚に言わせるのは、周囲の状況に目がいっていないことを示す。

2 事故報告

セルフ・チェック

仕事上で起こった〝まずいこと〟や自分の失敗を、上役に報告するタイミングは、

❑ 遅れてしまって問題になったことがある。
❑ 問題になったことはないが、悪いことの報告には、やはりためらう。
❑ その都度直ちに報告し、ためらうことは一切ない。

仕事のなかでは、ついに目標を突破したとか、苦労していた受注にやっと成功したとかいった、上役が喜びそうな「よい報告」もあれば、逆に自分が失敗した、トラブルや事故が起こった、得意先が怒っているなどといった「悪い報告」もある。

人間の心理としては、喜ばれそうな報告はすぐやり、いやな顔をされそうな報告はためらいやすい。何とか自分のところで解決して、それから〝実はかくかくしかじかで大変で

したが、こうやって事なきを得ましたからご安心下さい〟と言いたくなるものだ。

ところがこれを上の人の立場から見ると、よい報告はあとでもよい。悪い報告こそすぐに第一報を入れてもらわねばならないものである。なぜならば「よい報告」なら、〝よかった。じゃ何時お礼に行ったらいいか〟くらいのことで、上役は直ぐに行動を起こさなくても済むが、悪い報告ではすぐ緊急に行動しなければならない。タイミングが遅れると相手は誠意がないと腹を立て、遅れるほど解決が難しくなり、解決できても損害が大きくなるものだからだ。

つまり、**悪い報告は直ちに、よい報告はあとでもよい**というのが、組織上の原則である。

とくに最近では、第一線で起こった一見小さなことが全局に波及し、大事件になることが多いことをよく知っておく必要がある。悪い報告を隠していたと見られると、自分の人間性までも疑われかねない。

悪い報告こそ直ちに。これは後輩の人びとにも、よく徹底させておく必要がある。

3 要を得た報告・連絡

セルフ・チェック

自分のやる報告や連絡は、

- ❑ 要点を明確に押さえ、手短かにかつ的確に相手に伝えている。
- ❑ 内容は正しく伝わっていると思うが、手短かだとはいえない。
- ❑ 簡潔明快な報告とはいえず、話の途中やあとで、さらにいろいろ質問される傾向がある。

短い時間のなかで自分が伝えたいことを要領よく手短かに伝えるということは、ビジネスのもっとも基本的なことのひとつである。

何時・どこで・誰が・何を・いかに・なぜ、の５Ｗ１Ｈをきちんと押さえ、話す前に言い方や順序を考えて話す。話し方で頭の程度はわかるもので、ズルズルとした長話は聞く方の精神衛生上もよくない。

ただ問題は、これができていなくても肝心の本人には案外わかっていないことが多いことである。上役や同僚は自分の話をどう思っているか。率直に聞いてみるのがよい。

4 事実と推定の峻別

セルフ・チェック

自分の報告や連絡は、

- □ 事実と自分の推定や意見を明確に分けて話し、相手に誤解を与えることは一切ない。
- □ 誤解を与えたことはないが、事実の部分と推定の区別が完全に明確とはいえないことがある。
- □ 事実と自分の推定や希望が混じってしまい失敗したことがある。

報告や連絡では、実際に起こったことをまず正確に順序よく話し、そのあと明確に話を区切って自分の推定や意見を話す。これができていないと、相手の判断を誤まらせる。

希望的観測というのがある。自分がこうなってもらいたいと思っている気持ちが先に出て、先方の話のニュアンスや実際に起こったことを都合よく誤解してしまう。特定の人にある主観を抱き、その人の行動を自分の印象にあわせて解釈してしまうのもある。

これは報告の話し方以前の、事実のつかみ方や仕事の厳密さに関することで、この辺から間違っていると、どうにもならない。素直に何の先入観もなくフリーにものを見る。そして事実と推定や意見を、しっかり分けて話す。

微妙なことがらでは、相手の判断上、肝心のところがどこかをよく考え、誰が何時どのように言ったかを正確に伝える。

5 早い連絡

セルフ・チェック

他部門や同僚などへの情報の連絡は、

❏ 知らせを受けた都度こまめに必要な個所に早く連絡しており、〝なぜ言ってくれなかった〟などという苦情は聞いたことがない。

❏ まず大丈夫だが、たまにミスがある。

❏ ときどき、こういうことが起こる。

横の連絡の遅れは、ときに組織にダメージを与える。社外とのトラブル、社内での部門間や同僚間の不和の原因の多くはこれで、また会社に各種の損害を及ぼすものである。これで困らされた相手は、連絡を遅らせた本人のミスと思うよりは、自分のことにかまけて相手を無視した人間性や誠意のなさを疑い、相互の信頼感を破壊する作用をする。

連絡しなければならない情報を受け取ったときは、これをどこに連絡しなくてはならないかをパッと判断し、**即座に、こまめに、その都度**、必要な全部の個所に連絡を終わるのがコツである。あとで会うから、そのとき伝えようと考えるのは間違いのもと。その都度右から左へ連絡し「情報の仕掛品」は一切持たないこと。社外からの情報の内部連絡にはとくに注意し、リアルタイムで社内各所に連絡する。こうしたことによって、組織の質を相手から測られることに注意しなければならない。

6 クイック・リスポンス

セルフ・チェック

まわりからの指示や質問、相談や依頼されたことにつき、
- ❏ 自分は常に迅速に対応し、反応が速い。
- ❏ 対応は、とくに速いとも遅いともいえない。
- ❏ 反応が速いとはいえず、相手がイライラしたり相手から催促されたりすることがある。

クイック・リスポンスは、社員としての基本事項のひとつである。

誰か一人反応の遅い人がいると、まわりはそれに引きずられ、全体が遅くなってしまう。反応は「普通の速さ」ではダメであって、万事について即座に反応し、「反応の速い人」にならなくてはならない。全員の反応が速くなったとき、職場は全体として活気が出、快適なリズムで回転し、仕事が楽しくなるものである。

ただし自分の反応の速さというのは必ずしも自分にわかっていないことがあり、普通と思っていてもまわりから遅い人だと思われている場合も少なくない。人に聞いて、自分の反応速度を確認するのがよい。

7 書く能力

セルフ・チェック

書類や資料、報告書などを書くことについては、

❑ 簡潔、的確にきちんと書く能力を持っている。
❑ まあまあと思うが、これでよいとは思わない。
❑ 書かねばならないときは苦労し、できばえはよくない。

報告書や資料は、要するに相手に伝わればよい。だからできるだけ電話や口頭で済ませ、書くことは下手でも仕方がないと思っている人がいるが、これは根本的に間違った考え方である。

多数の人に全く同じ認識をしてもらうためには、伝えた途端に消えてしまう口頭報告は役に立たない。海外に出ると、コミュニケーションの中心は話すことよりも書いて伝える

ことである。話し伝えることはその時間中相手を拘束するが、書いて伝えるのは相手を拘束せず、また、互いに忙しくなるこれからの時代には、書くことは非常に大切だ。

とくに注目すべきは、書くことは本人の論理的思考力を向上させることだ。話すだけでは、消えてしまってあとに残らないが、書いたものはそれを読み返して前後で矛盾や不整合部分、あるいは相手に誤解を招きかねない表現を修正でき、完全なコミュニケーションに役立つ。

だから書いたときは、書きっ放しは厳禁。必ず読み返して論理の一貫性を確かめる。この繰り返しが自分の論理的思考力を高め、それによって、相手への説得力を強化することにも役立つ。

これからは、各種の情報は「伝える」ためだけでなく、「蓄積」をして使ったり、あとから整理してノウハウ化していくことが重要である。話ばかりに偏っていると、情報やノウハウは個人に蓄積され、その人が他部門に移ると消滅する。これでは組織の力は生かせない。

書くことは、将来プロフェッショナルとして立つときのための重要な自己訓練である。そのために、日頃から書く習慣を身につけるようにしたい。

そしてできれば、資料、報告書などは、せいぜい一枚か二枚にまとめること。ダラダラと長い文章がよいわけでなく、簡潔に、要点を押さえた文章が書けるようになることが大切だ。

8 相互補完

セルフ・チェック

同僚が仕事上で困っていたり、仕事が遅れていたりするときは、

- ❑ 上手に助けあうよう自主的に協力する習慣である。
- ❑ ときに助けるが、何時もというわけではない。
- ❑ あまりやっていない。

一緒に働く人びとが互いに助けあい、全体の仕事がうまくいくように心掛けることは、組織の一員として当然のことで、これによってお互いの信頼感が高まっていく。

むろん、自分の責任も果たせないのに他を助けるのでは順序は逆であるし、勤務外の時間まで何でも他の人のために使わねばならないわけではないが、同僚を助けようとする心が問題であって、知恵を出したり励ましたりすることも、このなかに入る。

9 公私の別

セルフ・チェック

会社の資産や消耗品の私用、勤務時間中の私用、社費の私用、他人を私用に使うというようなことは、

- ❑ 一切なく、公私の別は明確である。
- ❑ だいたい区別はされているが、細かいことになると、そうでもない。
- ❑ 公私の別は明確でなく、混同する傾向がある。

公私の別には大きく見て、

①お金の公私の別
②時間の公私の別
③人づかいの公私の別

の三つがある。

一見、小さなことであっても、社用と私用は明確に分け、もしどちらとでも考えられるようなものであれば、自分の金、自分の時間でやらなくてはならない。女性社員を煙草を買いにやらせるなどというのも問題である。

このことは、経費の節減のためにやるのではなく、人間として信頼し信頼される関係をつくるために必要なことである。けじめがハッキリしていないと、他の人びとの不信を買う。自分がいちばん得をするように金づかいや時間づかい人づかいをして会社を私用に利用する行動は、その人が自分本位の人であることを意味し、まわりの人は警戒せざるを得ないことになる。

そのための金額の大小は問題ではなく、その行動そのものが問題であることを知りたい。

10 人間関係への配慮

セルフ・チェック

本人のいないところで陰口を言ったり、人を傷つけるような心ないことは、

- ❑ 絶対に言わない。
- ❑ だいたい言わないと思う。
- ❑ ときにあるようだ。

本人のいないところでは、相手の男女を問わずその人を誉めるのはよいが、批評や悪口は絶対に言ってはならない。こうしたことは回りまわって本人の耳に入るもので、それによって、その人との人間関係を悪くする。それがたとえ本当のことであっても、いないところでは言うべきではない。

ちょっと批評めいたことを言っても、それは悪意ある陰口となって伝わる傾向がある。

わかりきったことだが、心が十分に熟していないときには、うっかりやるものだ。酒の上の話でも全く同じである。

言いたいのなら、本人と二人だけのときに直接言い、改めるようアドバイスすることが、ともに働く仲間としての良識である。本当に相手のことを思う気持ちがあれば、これによって互いに信頼感が増え、働きやすい職場になる。

最近は少なくなったが、女性社員に対し心を傷つけるようなことを言う男性社員が一部に残っている。これは陰口以前の問題であって、その人の品性の低さと思慮の浅さを皆に公開する行為である。この裏にはともに働く女性を仲間と認めない心があり、まずその偏見を捨てなければならない。女性社員に不評な男性社員は、何らかの問題があると思うべきだろう。

要約　基本動作の再チェック

中堅社員の段階までに卒業しておくべきことは、他にもいろいろある。一度の指示で完全に依頼をこなす。時間や期限の厳守。文字や数字、計算の信頼性。服装や態度、言葉づかいなどいろいろあるが、これらの基本動作の心をひとことでいえば、ともに働く他の人びとを働きやすくする習慣、ということである。

これらはすべて、知識として知っていても意味がなく、実際の職場のなかで常に反射的によい行動がとれなくてはならない。行動が身についている状態が必要だ。

本来これらの基本動作は、会社に入って一種のカルチャーショックを受けた新入社員の段階で、すべて身につけておくのが原則で、職場の先輩にあたる人は新人の指導にあたって、これらができていない点があったらハッキリ注意し、直るまで粘り強く注意を繰り返して身につけさせる責任がある。

中堅になって問題とされる人物は、その仕事の能力によるよりもむしろ、これらの基本動作の欠陥によることが多い。気づいて直す努力をするのに手遅れということは絶対にない。問題の個所があればぜひ、これから直すことを心掛けたい。

第3章

専門職基礎態度のチェック

業績直結の専門職となるには、基本動作に加え、
専門職として立つための基礎態度を固めておく必要がある。
これが第二の関門である。
どのような職務であっても共通に必要と考えられるものとして、
この章では五つの基礎態度について考えたい。

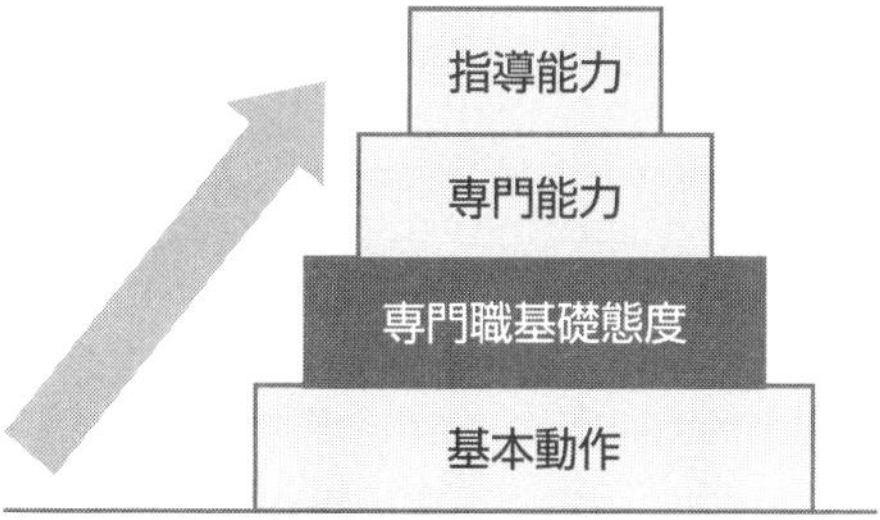

1 〝どうしましょうか〟禁止

新人の段階を脱し中堅社員の段階になったら、自分の仕事に関することについて上役や先輩に、

〝どうしましょうか〟

と聞いてはならない。まず自分の考えを述べ、そのうえで意見を聞くのが原則である。

中堅社員ともなれば、仕事に関する知識は一応持っており、自分の仕事については当然自分の考えがあるはずだ。たとえ自分は未経験のことであっても自分なりによく考え、自信がなくてもまず自分の考えを言ってから、上役の考えを聞く。これが仕事を持つ人のエチケットである。

人は、自分一人で方法を考えることを繰り返すことによって成長する。上役に聞いてそのとおりやるのはラクな方法だが、これをやっていると決められたことに従うことしかできなくなる。そしてついには自分で考える能力がなくなり、仲間が成長しているなかで取

り残されてしまう。

指図されての仕事は決して面白いものではなく、その結果、会社で面白くない毎日を送り、仕事以外に自分の吐け口を求めざるを得なくなる。このような道を採ることはない。〝どうしましょうか〟と言うのはプロではない。これをやめることによって自分の能力は早く伸びる。

セルフ・チェック

自分の場合、

- ❑ このような〝どうしましょうか〟は一切言わない。
- ❑ たまにないとはいえない。
- ❑ ときどきあり、これからは言わないよう心掛ける。

2 〝できません〟禁止

上役が少し難しそうな仕事を担当させようとしたり、〝こんなことを考えてみたらどうか〟と言うと、すぐ〝できません〟とか〝無理です〟と言う人がいる。これは絶対にいけないことである。

会社の仕事というものは、すべて不確実な未来に挑もうとする性質のものである。この意味でどんなことでも、〝やってみなければ、できるかできないかはわからない〟ものばかりを相手としている。そして他社が〝できない〟と思い込んでいる問題に挑戦してうまい方法を先に見つけた会社が勝ち、諦めた会社が負ける。

そしてどんな問題でもまず考え、その方法を探してみなければ、方法は絶対に見つかるはずがない。できるとかできないとかいうのは、すべて真剣に考えた末に言うべき言葉であって、何か問題を出されたとき、すぐに言うべき言葉ではない。これは論理的にも間違った行動である。

まず考え、その方法を探すこと。考えてみなければ方法が見つからないのは当たり前である。

セルフ・チェック

自分は、
- ❏ よく〝できません〟や〝無理です〟と言う。
- ❏ 言わない方だが、たまにある。
- ❏ 一切このようなことは言わず、まずどんな方法があるかを考える。

しかし、このように改めて考えてみても、やはり〝できない〟と思うことはある。だがこれも、単なる自分の錯覚でできないと考えることが多い。その第一は、**いままでの方法では**「できない」という錯覚である。

われわれは方法を考えるとき、無意識のうちにいままでの前例や似たケースのときにどうしたかと考える。あのときはこうした。あのやり方でこれがやれるか。それは難しい。ではこれはできない、という頭のなかのコンピュータの回り方である。

いままでのやり方で不可能なら問題は簡単である。「いままでと違う方法がないか」を探せばよい。前記の頭のなかの反応は一瞬に行われるため、さも絶対的に不可能のように思うが、それはいままでの方法では「できない」と錯覚しているのにすぎない。

第二の錯覚は、**いますぐには**「できない」というタイプである。ぜひやりたいが、金も人もない。だから難しいと思うのはおおむねこのタイプで、日常よくぶつかることだ。

しかし金や人は出ないが会社に必要なことなら、毎年少しずつこれを進め、何年がかりかでこれを成しとげるというのがプロとして正しい態度である。やる気も根気もなく、金がないのを口実に、やるべきことをやらないというのでは落第である。ゼロか一〇〇か。オール・オア・ナッシングというのは、未成熟の、苦労したことのない人の発想である。

第三の錯覚は、**自分の力では**「できない」というものである。やりたいが難しすぎる。自分にはその力がないと諦めていることはよくある。

ならば問題は簡単である。自分の力で及ばなければ、では「誰に頼み誰を動かせばできるか」と考えるのが正しい。社内でも社外でも必要な人を動かして成しとげるのが仕事というもので、自分の力だけをあてにするという知恵のないことでは何事もできない。

できないと思ったら、それ以上のどの「できない」であるかを考える。いままでと違うやり方を考える。時間をかけて徐々にやることを決心する。誰かを動かしてやる方法を工夫する。このように考えてもできないものは、現実の課題としてはほとんどないといってよい。

セルフ・チェック

自分は、一見できないように見えるものに対し、

- ☐ このような考え方をしてはいなかった。
- ☐ 部分的にはわかっていたが、三つは考えていなかった。
- ☐ 三つとも、このように考えていた。

3 〝自信過剰〟禁止

ひとつの仕事についた人の能力は、左の図のような形で向上し、飽和していくもののようである。

新しくある仕事についた当初は、仕事がよくわからないので、勉強したり指導を受けたりする。この段階では、知識は増えるが、仕事を実際に処理する力はあまり上がらない。

次には、このベースに立って自分流にいろいろやり、成功して自信をつけてノウハウを得、失敗を反省して留意すべきことを学ぶ。この時期がもっとも能力が伸びる段階である。

伸びるにつれて仕事に対する自信は増えていくが、ひとつの仕事で学べることはだんだん少なくなり、成長は飽和していく。そしてこの時点に近づくと、自信が異常に肥大して陶冶《とうや》性を失ってしまう傾向がある。誰かがこうしてはどうかとアドバイスをすると、口では如才なく応対するが、心のなかでは〝そんなことできっこない。この仕事を知ってるのは俺しかいないんだ〟などと考える。

新職務での能力向上

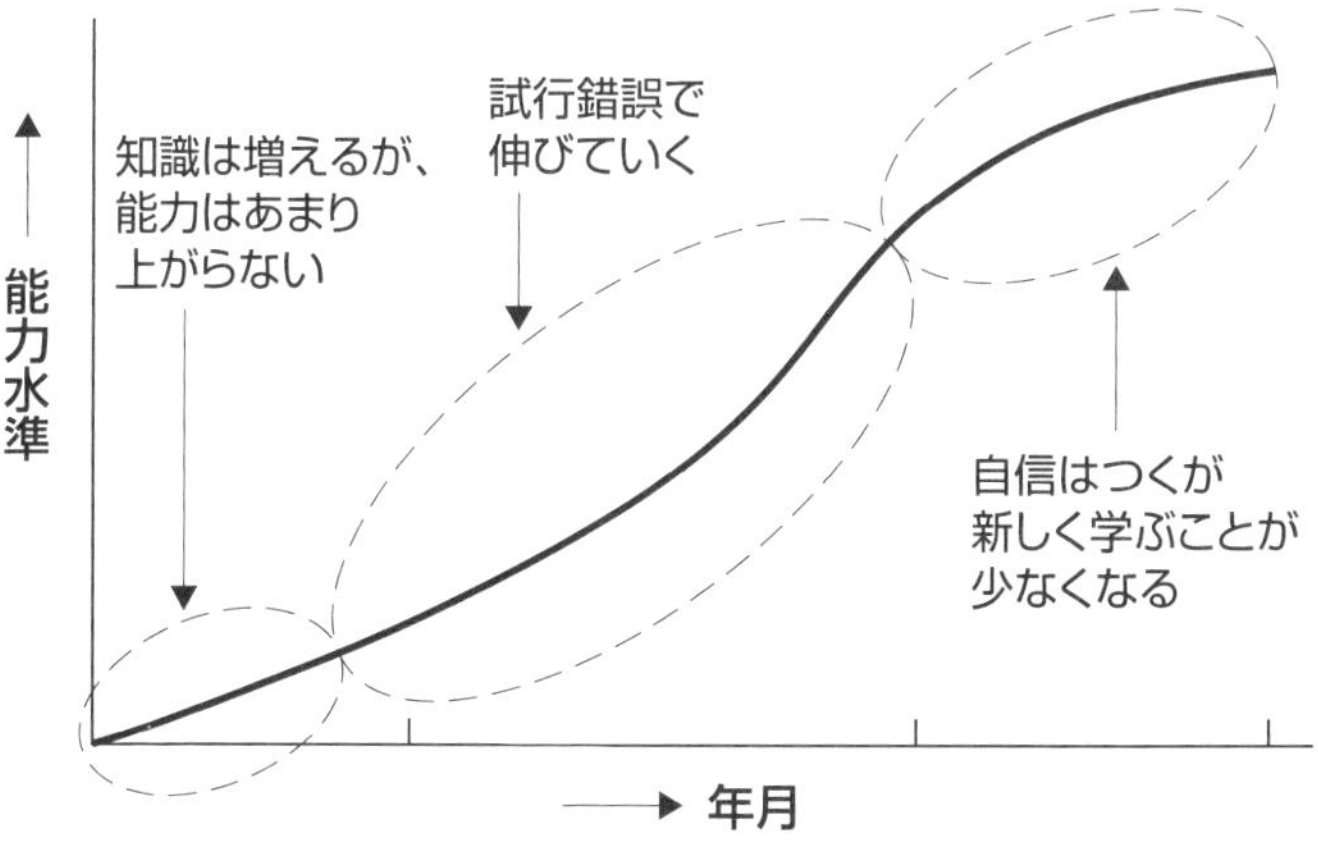

仕事に自信を持つことはよいが、人の助言がまともに耳に入らなくなったら要注意である。人の成長はまず素直に他の人の話を聞き、それを自分のプラスにするよう努力する姿勢によって確保されるが、それがなくては成長は不可能である。

自信と謙虚さとは矛盾するものでなく、同時に存在できるものだ。そして仕事に自信ができてくればくるほど、自戒の気持ちが大切なものとなる。

松下幸之助氏は、なぜあなたは成功したのかという質問に対し、自分の力は小さなもので九割がたは神さまのお陰という意味の答えをしている。長いビジネスの闘いを生き抜いてきた人は、時の運や得意先、仕入先の助け、あるいは内部のいろいろな人のお陰で自分が成功したことをよく知っている。
会社を飛び出して失敗するタイプの人は、社内での自分の成功を、すべて自分の力と錯覚していたためであることが多い。自信過剰でフレキシビリティ（柔軟性）まで失うようではいけない。

セルフ・チェック

他の人から〝こうしてはどうか〟と言われたときの自分は、

- ☐ 十分にフレキシビリティがあり、素直に考える。
- ☐ たまには、〝何を言ってるんだ〟と思うことがある。
- ☐ 自信過剰気味で陶冶性を失いかけているようだ。

4 仕事の面白さの会得

中堅社員になったとき会得していなくてはならない大事な条件のひとつは、仕事をすることが面白く、それに夢中になれる状態に達していることである。

なぜ面白くなければいけないか。それは仕事に夢中になっているときは、自分の能力が自然に伸びていくからだ。未経験の問題に積極的にぶつかる姿勢になるため、結果的に経験量が多くなり、能力のレパートリーが広がる。不完全燃焼の状態では能力は停滞し、部分的には退化を始める。

仕事が面白くて仕方がないという状態をつくることは別に難しいことではない。それにはコツがあり、これを知っていれば誰でも仕事が面白くなるものだ。

その第一は、人に言われて自分が動くという受動的な立場になることをできるだけ避け、何でもまわりにこちらから働きかけ、**先手に出ていく**ことである。

スポーツやゲームと仕事は、その面白さの原理で共通である。スポーツは誰かから命じられてやるものではなく自分の発意でやるものだが、仕事も全く同じで、人に言われてやるものは概して面白くない。

新人時代は仕事の知識がないため、まず教えられ、指示されて動くという仕事のパターンから入ることになるが、これに慣れてそつなく仕事をこなすことができるようになると安心し、指示を受けてやることが、自分の姿勢として定着したままになる人がいる。これでは仕事が面白くなくなる。

仕事を面白くする第二のコツは、**仕事を測《はか》り**、自分の「スコア」をつけることである。

スポーツやゲームには、すべて成績を測る尺度がある。この面白さの本質は、スコアを確認しながら次に自分のやることを工夫することにあり、スコアのつけられないものは面白味が半減してしまう。これは仕事でも全く同じことだ。

ただ仕事の違うところは、スポーツのようにきちんとスコアのつけ方やルールが決まっていないものが多いことだ。セールスや生産現場の作業はそれでもいい方で、自分一人またはグループのスコアをつけながら工夫ができるが、研究や設計、スタッフや事務のように、自分を測る尺度が公式には少ないときには、仕事の成果を測る尺度を自分たちで工夫し、つくることが必要である。

セルフ・チェック

自分はいま、

- ❑ 仕事が十分に面白い状態といえる。
- ❑ とくに面白いとも面白くないともいえない。
- ❑ 仕事が面白いとはいえない。

5 自己管理能力の獲得

仕事上の工夫には、大別して二つの姿勢がある。ひとつは**できるだけ主義**とでもいうべきもので、現在の水準より少しでも成果をよくするように努めるタイプである。

いまひとつの態度は**目標主義**で、仕事に取り組むとき最初に、自分が、

・何時までに

・どこまでいくか

を自主的に決め、それを何とか達成するように工夫していく姿勢である。これは「自分に期限を切って」のっぴきならぬ立場に置くことを意味し、また越えられるかどうかはわからないが、ハードルの高さを自分で決めて突進する態度である。

できるだけ主義よりも目標主義の方が、仕事の工夫の深さや広がりが大きくなる。いままでと違う次元で考えざるを得なくなるし、一時にひとつの方法では片づかなくなり、複合戦術を工夫せざるを得ない。自分で自分の目標を設定し、それに向かって進み、達成の

メドがついたら、さらに次の目標を決めて追う。こうして自分の仕事を自分で管理し、徐々に高い水準のものにしていくことは、プロとして絶対に欠かせない条件である。これをしっかり身につけたい。

セルフ・チェック

自分は、

- ❏ 目標による自己管理ができる状態になったと考える。
- ❏ 目標は立てるが、自己管理ができているかどうか。
- ❏ とくに目標はない（または、立てにくいので難しい）。

要約　専門職基礎態度のチェック

ここに述べた五つはいずれも、自分が専門職として仕事に処していく場合の態度に関するものである。

第一関門の基本動作は、どちらかといえば行動の面だが、専門職としての基礎づくりは事に処する心構えや考え方がしっかり固められたかどうかによるところが大きい。

専門職として大成するには、いまの水準の高い低いは別として、今後どれだけ成長できるかが問題であるが、〝どうしましょうか〟では自分で考える機会を失うし、〝できません〟でも未経験の問題に直面できにくくなって伸びない。五つはいずれも同様の性質を持っている。

まだ自分に問題の残っているところはどこか。それを見定めて修正を心掛けたい。

第4章

専門能力を革新する

基本動作、専門職基礎態度の次が、
いよいよ第三の関門、専門能力の問題である。
ここにはいろいろ考えるべきことがあり、
業績に直結した専門職として立ち得るか否かは、
おもにここで扱う問題によって決まると考えられる。

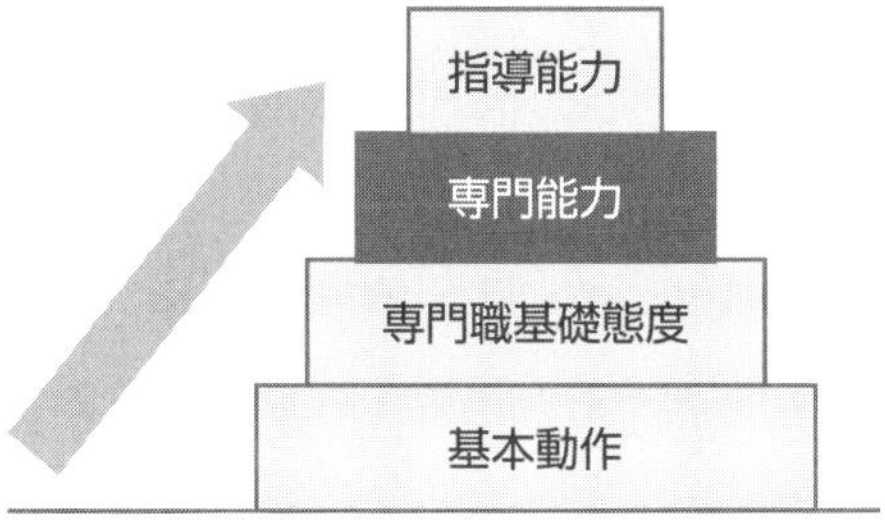

◎——専門能力とは

専門能力とは具体的には何か。

専門能力は大きく、**固有専門能力**と**共通専門能力**に分けることができる。

固有専門能力とは、設計者における機械工学や経理担当者における簿記のように、自分の専門担当領域ごとに異なる固有の専門能力であり、共通専門能力とは担当領域が何であるかにかかわりなく、どの分野の専門職にも共通に必要となる能力である。

共通専門能力には**企画力**、**改善力**、**管理力**、**表現力**、**説得力**などいろいろなものがある。これはそれぞれの固有専門能力を企業内で生かし、業績に直結した成果を生み出す力であって、これが低ければ、職務固有の専門能力がいかに高くとも、宝の持ちぐされとなる重要な力である。

共通専門能力としての各能力は、表現力、説得力を最終工程とし、いかに高い企画力や改善力をもってしても、最終的には説得力がなければ業績に直結することはできない。

従来はややもすると、電気工学や化学工学など各分野のエンジニアリング技術や人事・購買・総務などの部門固有の技術だけを専門能力と考える傾向があったが、企画、改善、

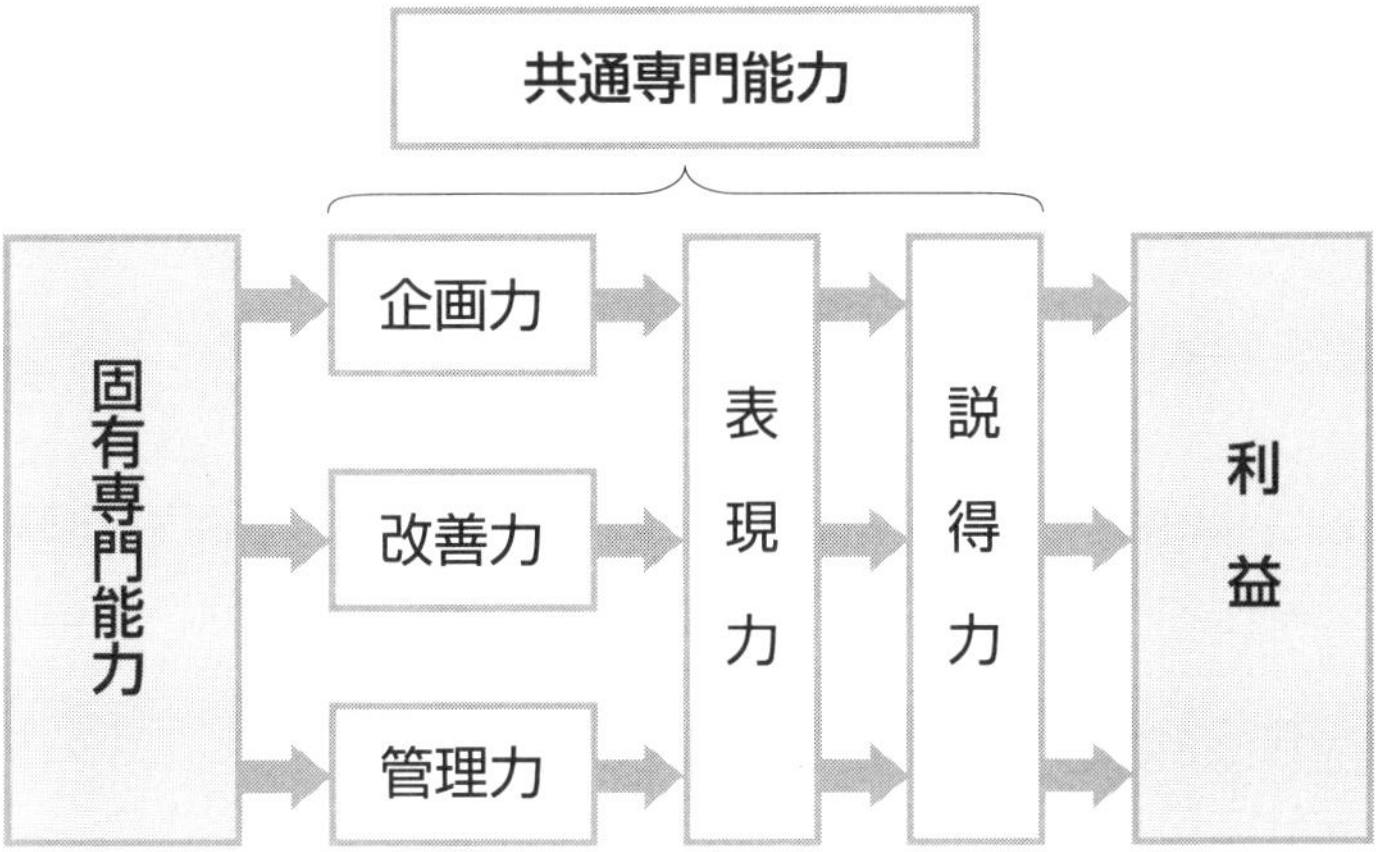

（注）仕事によっては、ある能力をパスするものがあるが、概念を示した。

管理、表現、説得などの共通能力の重要性はそれに劣らず、むしろ成果を実現する直接的な意味では、固有専門能力を上回る大切なものと考えねばなるまい。

固有能力ばかりが発達し、共通能力を欠いてバランスの極度に悪い人にはなりたくないものである。

セルフ・チェック

あなたの固有専門能力と共通専門能力とのバランスは、

- ❑ 固有専門能力には自信があるが、共通専門能力が弱く、バランスが悪い。
- ❑ 共通専門能力の方はよいと思うが、肝心の固有専門能力が弱いのが問題。
- ❑ どちらもまだ弱い。
- ❑ 両方のバランスはとれている。

1　固有専門能力の革新

◎――基礎勉強のやり直し

新人の段階を脱したら、担当する職務の固有専門能力について、改めて基礎的な勉強をやり直すことが誰にも必要である。

それはなぜかというと、企業における現実レベルは、学校で習ったことよりも先へ進んでおり、常にギャップがあるからだ。学問というのは経験を一般化して後進に教えるものが多いから、これは当然といえる。大学時代ろくに勉強しなかった自覚のある人は、さらに一段遅れているわけで、事態は深刻と考えねばならない。基礎は決しておろそかにしてはいけないものだ。

基礎勉強のやり直しのために実践的な方法のひとつは、経営専門団体や学術団体の行っている通信教育の基礎コースを受講することである。レポートは必ず出し、疑問の点は大小にかかわらず質問票を出す。たとえば設計部門にいる人は、機械工学や電気工学などオペレーション技術の補習のほか、設計管理の基礎も勉強しなければならない。固有専門能力には、そのオペレーションと管理の両面があり、これはどの部門分野でも同じである。

中堅社員の現実の問題として、学校時代の専門とは無関係の仕事につかされることはしばしばだが、こうしたときはなおさらである。その分野で一生、メシを食わねばならないかもしれない。仕事の上で何とか間にあっているから、そこまですることはないと思うのは危険だ。自己流で、自分が直接担当する部分だけの「虫食い」の知識はもっともよくない。へんなクセがついて伸びないことがしばしばであり、とくに体系的な基礎知識がないと、仕事の改善能力を奪われてしまう。

◎——本質の再把握

基礎勉強のやり直しで大切なことは、方法論を知識として記憶するだけでなく、その仕事が、

要するにどういう目的なのか。せんじつめたところ、どうなればよいのかを完全に理解することである。

仕事には常に目的があり、いろいろな方法はその手段にすぎない。最終的な仕事の目的は変わらないが、それを実現する方法は時代とともに変わる。実務の専門家としては、変化する時代に合致した、よりよい方法を自分で生み出すことができなくてはならない。そして時代がどうあろうと変わらない仕事の目的や本質を、完全に身につけ理解することが大切である。

基礎的な勉強をやり直したあとは、先生はテキストから仕事そのものに変わる。仕事こそ専門職の最大の教師であるという認識が大切であり、仕事の変化からどれだけのものが学べるか、それをいかに発展させることができるかに、プロとしての成長のすべてがかかってくる。

◎――後輩に追いつけない先輩

ある会社の研究所長の話である。

「近ごろ問題なのは、室長や中堅の研究員が、あとから新しく入ってくる後輩に対し、十分な指導力を持っていないという点ですね。最新の理論や知識でかなわない。まあ世の中こんなものかもしれんが、先輩の方が勉強不足で追いつけない。これでは困りますよ」

革新の早い技術分野ではこんなことがよく起こり、中堅技術者の方が問題になる。これは社会科学系の分野でもよく起こることで、最新の経営技術については、後輩の方がよく知っているということも珍しくない。

自分の固有専門能力を常にメンテナンスし、アップ・ツー・デートなものに保つ勉強を継続することは、中堅社員としてもっとも大事なことのひとつである。これにはときどき思いついて、にわか勉強をするのではなく、このために**自分のシステムをつくる**ことが大切だ。たとえば次のようなやり方がある。

まず最新情報を継続的に確保する方法を決めておく。現実的な方法は、読むべき専門雑誌を月極め予約購読をし、毎月自宅に届くようにすることであろう。少なくとも自分の学校時代の専攻分野については、自分がいま担当している、いないにかかわらず、これをやりたい。自分の学生時代に学んだことがその後どう変わっているかを継続的に知ることは、その仕事をしている、いないにかかわらず、意味のあることだ。

いまの仕事の専門についても、専門雑誌の月極め講読は大切だ。職場で予約するように頼み、確実に毎月読む。これが難しければ自分でとる。わずかな自己投資である。

◎——自動メンテナンス・システム

雑誌は、目次が大切である。おもな新しい動向は、目次をざっと見ればわかる。新しい考え方や新方法論、いままでのやり方の問題点や見直しにあたるところをつかんで、数点を読む。

自分の研究ノートをつくり、大事と思うものは読んで要点をこれに書き込み、あるいはスクラップして貼り込むのもよい。問題は得られた知識だけでなく、それを読んだ感想や実務との関係を考えることだから、必ず一篇ごとにオリジナルな発想を書く習慣をつける。

こうしたことは、パソコンを使って記録整理すれば、なおいい。自分流に個別に標題をつけ、分類保管を進める。時々さかのぼって内容を読み返し、さらに新しい考えがあれば追加で書き入れ、すっかり自分のものとなった部分は別欄に移すか消す。こうして自分用のデータバンクをつくっておく。

学界や経営専門団体などで開くセミナー・コース、大会やシンポジウムなどで新テーマを見つけたら、上司の了解を得て、できるだけ出席するように努力する。技術者であれば社内の技術会議などについても同様に積極的に発表したい。

内部外部の会合に出席したら必ず報告書を書き、上役に報告し、できるだけ部門内で報告会をやる。書いたり話したりということは、自分のそれに対する考えを「熟成」させる大切な行為である。ものぐさをやめ、できるだけ機会をとらえて自発的にやるようにしたい。

こうして新動向を見つけ勉強し、自分の固有専門能力をメンテナンスしつつ、これを自分の仕事のなかで生かし、それを実際にやってみるのが最終段階である。何でもそうだが、やってみなければその知識の本当の価値評価はできないし、本当のこともわからないものである。

固有専門能力のメンテナンスは、仕事の改善のためにやるのであって、これに関係のない知識の蓄積では意味がない。記憶は年々薄れ勉強は甲斐のないものになっていく。

以上の自動メンテナンス・システムの一例を図示すると、左の図のようになる。これはプロフェッショナルとしての知的生活の側面であって、いままでのように会社で朝から晩までフルに回転し、休日や余暇には自分を充電する種類のことは何もやらないというので

固有専門能力メンテナンス・システム例

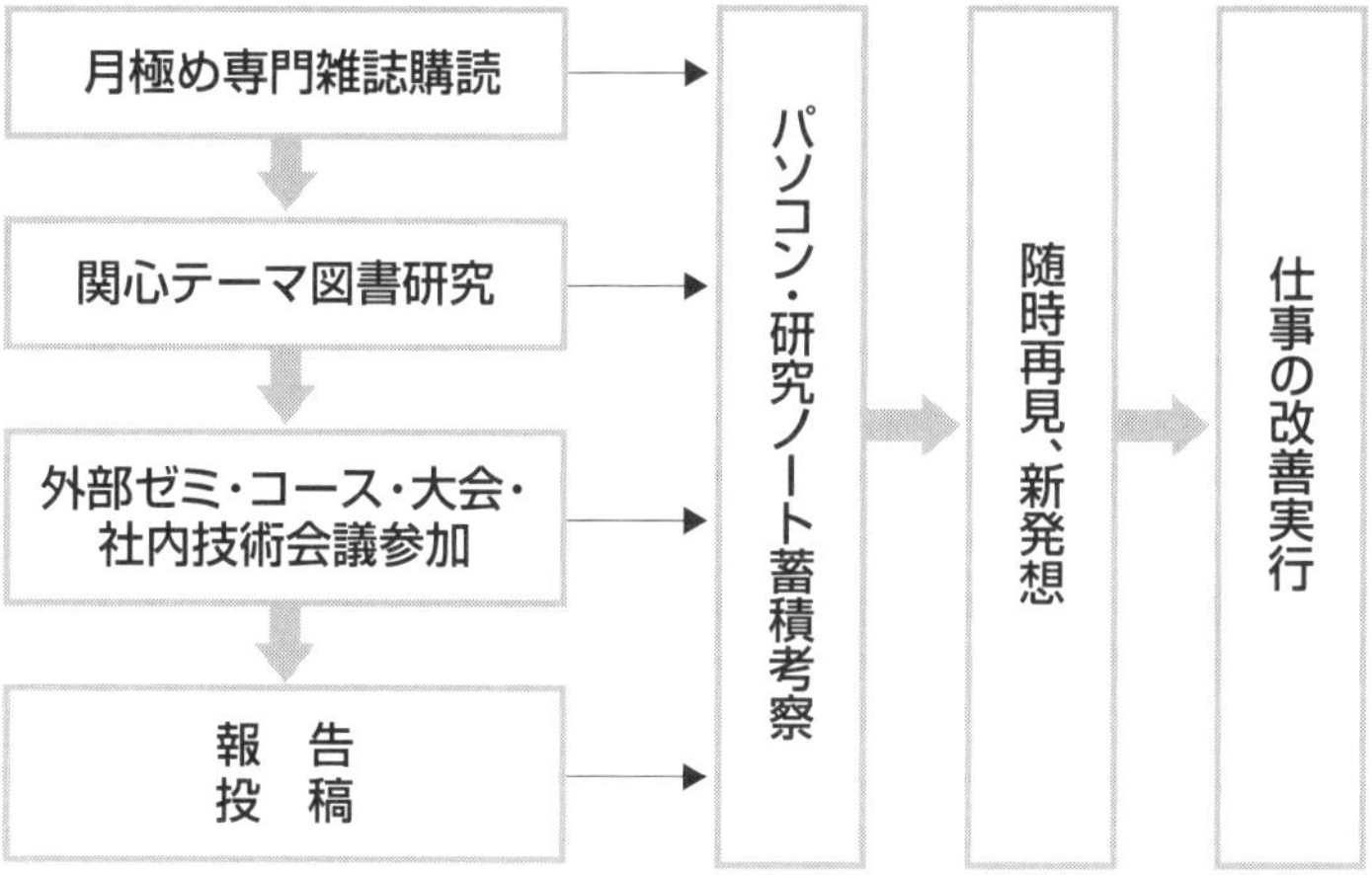

は、これからの時代に耐えられるプロにはなれない。

こうした自分の固有専門能力メンテナンスについては、一般的には技術系の人びとが熱心で、事務系の人は、それほど熱心でない傾向がある。そのときになれば何とかなるさという考えなのであろうが、直接に仕事に関係ある部分だけの**場当たり虫食い主義**では困る。

ここに述べたことはオーバーでも何でもない。真の専門職となるためには、その基礎勉強の組織的なやり直しと自動メンテナンス・システムの構築、ならびに仕事の改善への結びつけが必須であることを銘記したい。

セルフ・チェック

自分の担当である固有専門能力の問題について、

- ❑ 基礎の体系的な勉強が不足で、ここからやり直さねばならない。
- ❑ 基礎勉強はだいたいできているが、メンテナンスの体制ができていない。
- ❑ 基礎勉強も能力メンテナンス体制もだいたいできているが、まだ十分仕事に結びつけられていない。
- ❑ 基礎勉強、メンテナンス、実務応用改善ができている。

固有専門能力の革新――まとめ

1 業績に直結した専門職となるには、担当職務固有の専門能力のほか、企画力・改善力・管理力・表現力・説得力などの共通専門能力を完全に身につける必要がある。固有能力と共通能力のバランスを欠いてはならない。

2 固有専門能力については必ず、もう一度基礎勉強をやり直す必要がある。

3 基礎勉強には方法論よりもむしろ、そのせんじつめた最終目的や本質を完全に把握しなければならない。目的は変わらないが、方法は時代とともに変わる。われわれはこれからの方法を開発するのが仕事である。

4 専門領域での固有能力の自動メンテナンス方式を自分流に確立し、常に自分をアップ・ツー・デートな状態に保つ。仕事に直接関係する部分だけの場当たり虫食い勉強主義は厳禁である。

5 メンテナンスによって得た知識や方法論は、仕事の改善に生かし、知識だけに止めない。

2 企画力の革新

◎──企画力が弱い

〝どうもうちの連中は企画力が弱い〟

これは部課長レベルの人びとから、よく聞かれる言葉である。

これには、いちばん大事なところを押さえていないとか、論理がおかしい、構想をうまくまとめられないといったものから、思いつきだけを書いてくる、文章の体を成していない、なぜそう考えるかのプロセスがなく結論だけを箇条書きにするなど、さまざまなものがある。

中堅社員の企画力を問われる仕事は、日常的なものから改まったものまでたくさんある。

〝これを調べてくれ〟〝この対策をまとめてくれ〟といったようなものから、年次月次の諸計画や予算の立案、仕事上の諸行事や計画などのほか、特命事項や外部や社内の調査、諸改善企画、部門内の問題整理や方針・制度立案などは、どの部門にも共通に起こる企画活動である。

全社的な企画活動を行う社長室、企画部、調査部、人事、財務経理スタッフや、事業部スタッフ、営業・生産・研究などの部門スタッフは、本来この企画力がその表《おもて》道具であり、これによって評価される人びとである。これらの部門では何時も、まとまったプロジェクトごとの企画や調査が行われている。

このように企画力は、どの部門で働く人びとにも共通に要求される能力だが、その質的水準は必ずしも高くない。個々の分析手法や計画手法に興味を持ちすぎるきらいもあるが、企画力の本質はそこにあるのではない。

「企画」という言葉は、いろいろな意味に使われているが、ここでは「調査」を企画活動に含め、仕事の改善企画は別項の「改善力」として除外し、企画内容を書いたり発表したりする能力は別項「表現力」で扱うこととする。

この考えを前提にすると、企画力は**調査**、**プロジェクト企画**および**期間計画**の三つの対象に分かれる。期間計画とは毎日、毎週、毎月、毎年行う定期の計画や予算立案を意味し、プロジェクト企画はその他の、仕事上のテーマ別、指示事項別に随時必要の都度始まって終わる大小さまざまの企画活動で、実務上はもっとも多い。

調査はプロジェクト企画または期間計画のための情報収集と解釈を行う活動で、次に述べる企画活動の諸段階のなかで行われるものである。

◎——構想と実行細目を分ける

期間の計画にせよプロジェクティブな大小の企画にせよ、それはすべて企業にとっての、**ある問題を解決するためのひとつの部分活動**である。この目的なしに行われる企画活動はあり得ず、これが明確な目的なしに行われるとしたら、それはムダな遊びに過ぎない。

問題解決のプロセスは、一般に左の図のような形で行われる。まず情報が集められ、次

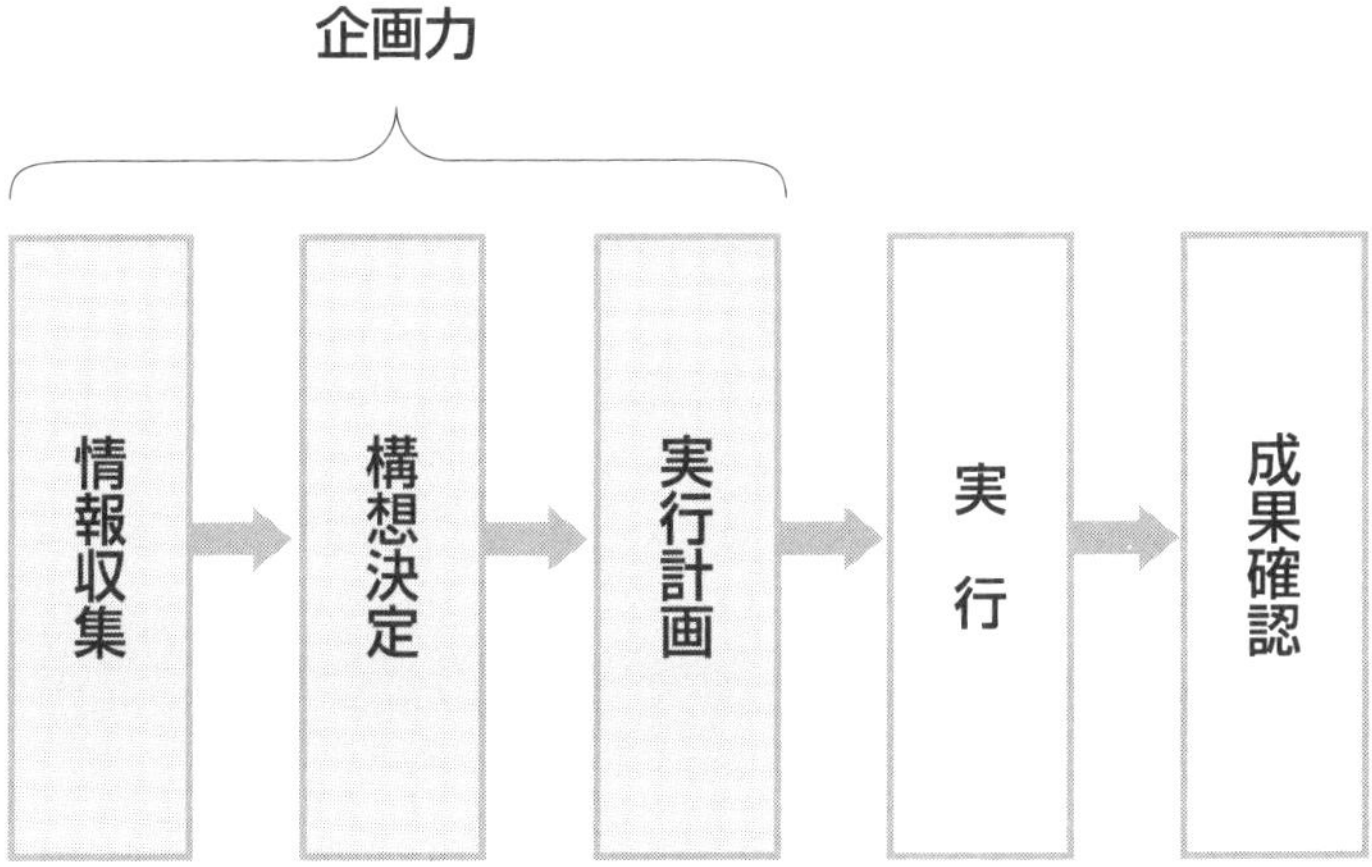

にテーマと骨格になる考え方や方針、目標などから成る構想が決まる。構想で決まった目標を達成するために実行計画が立てられ実行に移す。その結果がチェックされ成果の実現に結びつくという流れだ。

企業の成否を支配する最終成果は、情報収集・構想・実行計画の三つから成る企画段階で決まる。誤まった設備投資や店舗立地、製品選択などの大前提となる意思決定に問題があれば、企画担当者は修正を提案する必要がある。これは日常的な各種の企画活動でも同じである。

企画活動で大切なことは**構想と実行計画の二つを明確に分けて考える**ことである。構想とはテーマの決定から解決の考え方と重要な方向方針、目標や総責任者などを決めることで、実行計画はその目標を達するために具体的にやる項目、実行方法、日程、細部分担や予算などを決定することだが、プアな計画というのはおおむね、いきなり実行計画の細目を決め、そのもととなる構想段階が十分検討されていない。これは二つをゴチャマゼにするところから起こることで、実行以降の失敗の原因はここにあることが多い。

企画に関することは何でも、まず骨格となる構想を固め、それから実行の細目に入るのが成功の秘訣である。日常的な小企画でもこれは大事で、必ず「考え方」や「方針」を明確にしてから実行細部に入らなければならない。

◎——企画活動を計画する

企画活動には、それが調査であれプロジェクト企画であれ期間計画であれ、まず最初にその全体をどう進めるかの計画を立ててから活動を開始しなければならない。言われてすぐ立案できるような軽微なものはよいが、一週間以上を要するようなものはすべて事前に計画が必要である。

この種の活動はまず、上役など依頼者の求める意図やアウトプットを完全に把握してからスタートすることが大切である。〝これを調査してくれ〟とか〝この計画を立ててくれ〟などと、依頼者は簡単に言うが、依頼する方が自分の求めるものを改めて具体的に考えていなかったり、伝え方が簡単すぎて意を尽くしていないことも多く、進んでしまってから〝いや、そうじゃないんだ〟ということが、ときどき起こる。企画活動は、それだけ複雑な知的活動である。

要するに何がわかり、あるいはアウトプットとして何ができればよいのか。それを改めて依頼者と打ち合わせ、その〝納期〟を確認する。そして全体の手順と方法、日程や分担を決め、依頼者の了解を得てスタートする。

コンサルタントやシンクタンクなど外部専門機関のやり方は最初の打ち合わせを重視し、プロポーザル（提案書）にまとめて確認するのが一般的だが、社内でも調査やプロジェクト企画は同じ考え方が必要だ。行った結果が依頼者の要求に合わなかったり、肝心のことが落ちていたり、時期が遅れて意味がなかったりするのはプロの仕事ではない。

以下ではまず、もっとも数の多い**プロジェクト企画**に関する諸問題について述べる。ここにはいろいろな問題があり、注意深い検討が必要である。

◎——直観修正型の失敗

日本の管理者や一般社員の企画に関する重要な共通欠点のひとつは、**直観修正型**が多いということである。あるテーマを与えられ、あるいは問題に直面したとき、直観的に、

〝あ、これはこうした方がいいな〟

と、ある方向ややり方を思い浮かべる。そしてその案を具体的に考え始めると部分的にまずい点がでてくる。それを部分修正して実行案にする。あるいは修正を要する部分が多くてダメだなと思うときは、また別の案はないかを検討するという手順である。

この考え方はよく行われるが、決定上の誤まりを起こしやすい。その第一は直観的にある案に飛びつくため、ほかに**より優れた案があるのを見落とす**ことである。未熟な段階では、自分の狭い経験からの直観でこのようなタイプに陥る可能性があり、上役により優れた他案を指摘されて挫折する。最初に発想した直観案に固執するタイプは危険であり、バランス感覚を欠いた人だ。ひとつのテーマ、問題にぶつかったとき、採り得る主要な方向を漏れなくまとめられるか。ここで企画の質が決まる。

セルフ・チェック

あなたの判断のタイプは、

- □ ここでいう直観修正型に近く、ときに気づいていなかったもっとよい案を指摘される。
- □ それほどでもないが、最初に感じた自分の案にこだわる傾向はある。
- □ 日常的なことは直観的にやるが、企画の仕事では常に数案準備する。

◎――勝てない企画

企画するうえで検討の対象とする対案は一つでなく、必ず複数でなくてはならない。この理由は、自分が考える以上の名案が常に存在し得るということである。とくにいまの企業では、同業他社を上回る成果を生むだけの独創的な方法が要求されており、通り一遍の案では敗者となる道を選ぶに等しい。必ず複数の、しかも創意に満ちた対案を列挙し、その中から最良案を選ばなくてはならない。

とくに問題なのは、直観案が同業他社が考えるのと同じ平凡な案になり、結果的に競争関係のなかでは他社に差をつけるだけのユニークなものが出ないことが多い点にある。企画の目的は、生産、販売、開発、管理などいずれの部門においても、他社に勝つことにあるのだ。他社と横ならびの企画をやるのは、責任逃れのおざなり仕事を意味する。それなら、やらない方がよい。

ここにいう**対案**とは、互いに独立した思考を持ち、一方を採れば同時に他を採ることのできない方途を指す。経験不足の人は、しばしば一案しかあげられない。いかなる状況に対しても正しく対案を列挙できるよう自分を訓練する必要がある。

たとえば個別受注生産工場の場合、製品の需要が急増し生産が追いつかないという問題に対する対案としては、

A案　設備を増設し需要増を吸収する。

B案　採算のよい注文だけに受注を絞り、現設備能力で対応する。

この二つの対案が考えられる。この二案はそれぞれ思考の基盤を異にし、A案を採れば同時にB案を採ることはできない。これが対案である。

対案列挙とは、その問題に対する態度ないし採り得る方針の列挙を意味する。

対案列挙能力を高めるには、その思考論理をマスターする必要がある。ここに二つの

方法を例示する。

①直観・逆・中間方式

たとえば新製品の販売方式をいかにするかという問題に対し、業界で一般に採用されている方法として直観的に代理店方式を考えたならば、まずこれをA案とし、次にA案と論理的に全く逆の方式は何かと考える。それは直販方式であるからこれをB案とし、さらにA・B両案の中間案は何かと考える。

中間案としてある地域に代理店、ある地域を直販とする地域別方式を考えたならば、これをC案とし、結果的に、

A案……代理店方式（直観案）
B案……直販方式（直観案の逆）
C案……地域別方式（中間案）

の三つが列挙できる。

これは決して論理の遊びではなく、直観によるA案は平凡に過ぎてしばしば競争に効果なく、その反対のB案は時に独創的成功を収める傾向がある。競争関係における他社の逆は、しばしば〝人の行く裏に道あり花の山〟なのである。ただしこのB案は通常採

用に勇気を必要とし、また極端な性質から現実性を欠くこともある。ここで中間案が意味を持つ。

②他人想定方式

まず自己の直観案をA案と考えるのは同じ。次に上役ならどのような案を考えるか。利害の対立する他部門の管理者ならどうか。社長ならどうすべきと言うか。これらをB・C・D案として列挙していく。同種思考のものは統合して一案とする。

この方法は社内の組織や制度改革時にとくに効果があり、他の企画でも有用なことが多い。一案しか浮かばないなら直接これらの人びとの意見を集める。言い出したら聞かない人には間接的に情報を集め推定する。利害関係のない第三者の思考は重要である。予想される反論は、すべてその思考を一対案に仕立てる。

現実の仕事の場では、いままでのやり方の「論理的な逆の案」が、従来の先入観にしばしばられて出てこないことが多い。いままでのやり方は、過去のある時期の状況のもとで選択された方向であって、状況が変われば最適の方向も変わるものであることを理解したい。

企画に創造力が問題にされる時代であるが、無目的にアイデアがたくさん出ても意味はなく、むしろ対案列挙に習熟しているか否かによって、この問題の大部分は片づくと考えて大きな間違いはないだろう。

セルフ・チェック

あなたの対案列挙能力は、

- ❏ 落第である。
- ❏ まず大丈夫だと思う。
- ❏ まずまずだが、複雑な問題には自信がない。

◎――原因素通りの失敗

問題にぶつかると、すぐある案を思い浮かべる直観修正型の第二の危険は、解決すべき課題の背後にある原因探求を素通りするため、手を打っても解決に効果のないことがしばしば起こることにある。大部分の問題は、原因となるものを排除しなければ解決しない。与えられた企画テーマには必ず克服すべき現実の問題があり、その問題には必ずその原因がある。企画をするには問題を正しく定義したのち、次になぜそれが起こったかを調べ、原因間の因果関係やウェイト、簡単に解決できることか体質的原因か、コントロールができない外部要因かをしっかり見定めたのち、それをつぶすのに有効な対案を考え出すのが順序だ。

〝だいたい原因はわかっている〟と思ってこのプロセスを飛ばし、すぐに方法論に移るところから企画の失敗が始まる。状勢の変化が早いので重要な原因が他に移ってしまうのはしばしばだし、人の意見や伝聞は企画上は全部眼と耳で確かめないと、皮相の観察だったことをあとから発見することになる。原因を踏み違えて有効でない手のために人手や金、時間をかけて、あげくの果てがちっとも効かないというのではアマチュアというしかない。

◎——検討角度欠落

列挙された対案の中から状況に合致し、もっとも有利な案を選ぶ態度が企画に必要なことは前に述べたが、そのためには対案の長短を組織的に比較しなければならない。

少し大きな企画では定量比較と定性比較に分け、まず計数的に表現できる部分を最大限に定量化して比べる。設計での技術的選択、立地選択、コスト引下げ方法、設備合理化など定量比較部分の大きいものについては、とくに基礎数値の妥当性をよく検討する。特定の対象を説得するため甘い見積りを混合させることは、自己の好みと組織の損失を引き換える不法行為である。

定性部分の比較には、その案のリスクを十分含めて多角的に検討し、検討角度に漏れのないよう綿密に行う。これが不完全だと選択を誤まり、また次の説得段階で失敗する。

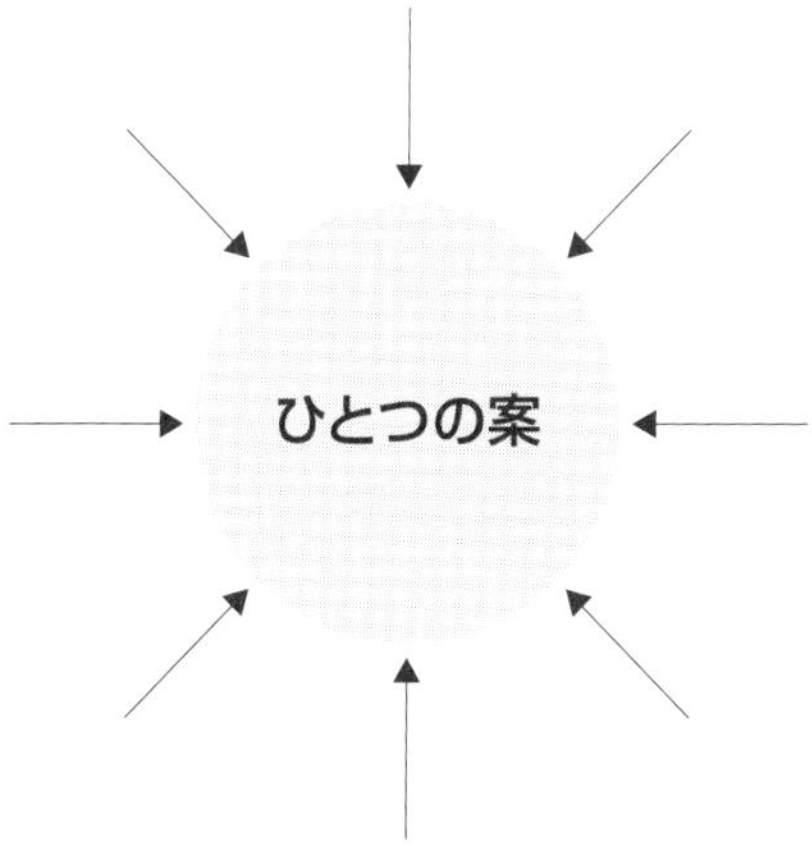

比較選択には、反論を重視する必要がある。すべての対案は長所欠点を必ず持ち、その採用には必ず反面の危険をチェックしなければならない。反対論のない対案は実施しても効果がなく、いたずらに費用と手数を食うことが多い。〝反論なくば決定せず〟が正しい態度であり、独創的な対案ほど白熱した議論を生む。

上役に考えたものを持っていったとき、提案する案の多角的な検討が不足で、思わぬ角度からまずさを指摘され、ギャフンといわされるようではプロではない。

セルフ・チェック

あなたの多角的判断能力は、
- ❏ 必要にして十分といえる。
- ❏ 不十分で、必要な検討角度を落としたり重要度の判断を誤まったりする。
- ❏ 前の二つの中間であろうか。

◎――意思決定の「部品」として

調査や企画は、上役や経営者の意思決定のための「部品」である。これが欠陥品だと、意思決定全体を誤まらせる。このためには意思決定のメカニズムを理解し、まずい決定を避けるよう合理的な手順で企画にあたらなければならない。

以上述べた企画の失敗を避ける考え方を整理すると、次のようになる。

典型的構想決定手順

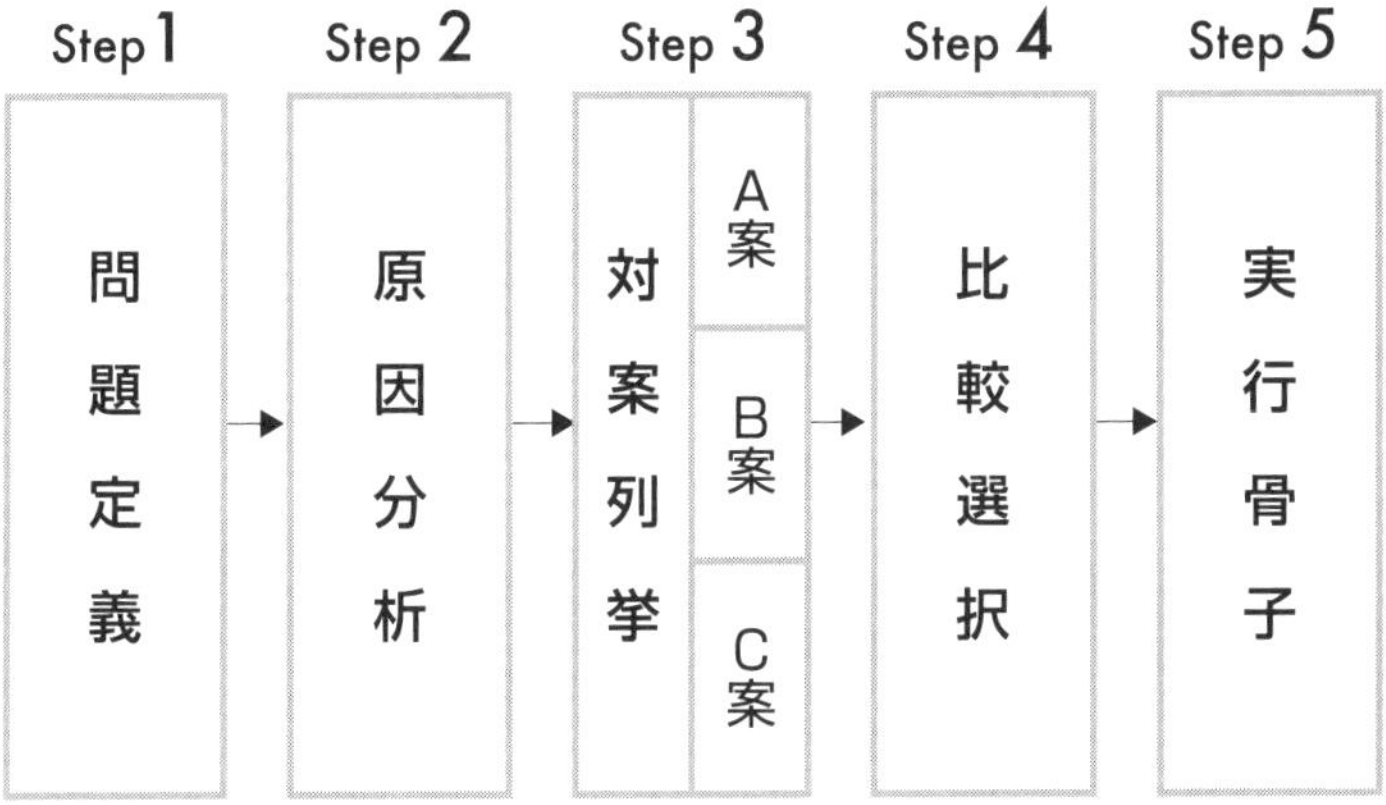

①問題（テーマ）の定義

与えられた問題やテーマの性質や範囲を、依頼者との打ち合わせによって明らかにする。

②原因分析

なぜそれが起こったか、その原因や背景を分析する。問題が数字で表わされることならば、その内訳の数字をさらに分析し原因をつかむ。普通、原因はたくさんあり、さらにこれが複雑な因果関係を構成して解決すべき現象を生んでいる。この因果関係を整理し、重要な原因と相互関係を明らかにする。

③対案列挙

対案（Alternative）とは、その状況のもとで考えられる自分の採ることのできる方途、解決方針を意味する。それを考えられるだけ列挙し、そのうちで他の対案に含まれるものや実現の可能性が低いものを統合したり削除したりして整理し、できれば最終的には二つか三つ、最大四つくらいまでに絞る。

④比較選択

列挙した各対案の長短を比較し、その状況にもっとも適した有利な対案を一つ選ぶ。

⑤実行骨子

その対案によって実行する場合の方法概要と目標（日限と到達水準）、担当者、手順、予算などの骨子を決め、構想としてまとめる。

これは企画上もっとも多い問題解決型の企画のひとつの手順であるが、いずれにせよ合理的な手順を踏まなければ意思決定を正しく補佐することは難しい。いずれ管理者や幹部専門職になれば、この意思決定能力が勝負どころとなる。ぜひ小さなことでもこの手順で考えることを心掛けて繰り返し、マスターしたいものである。

◎——実行計画・開発企画・調査

企画活動の手順には、いろいろなパターンがある。直観修正型を避け原因分析、創造的

実行計画型

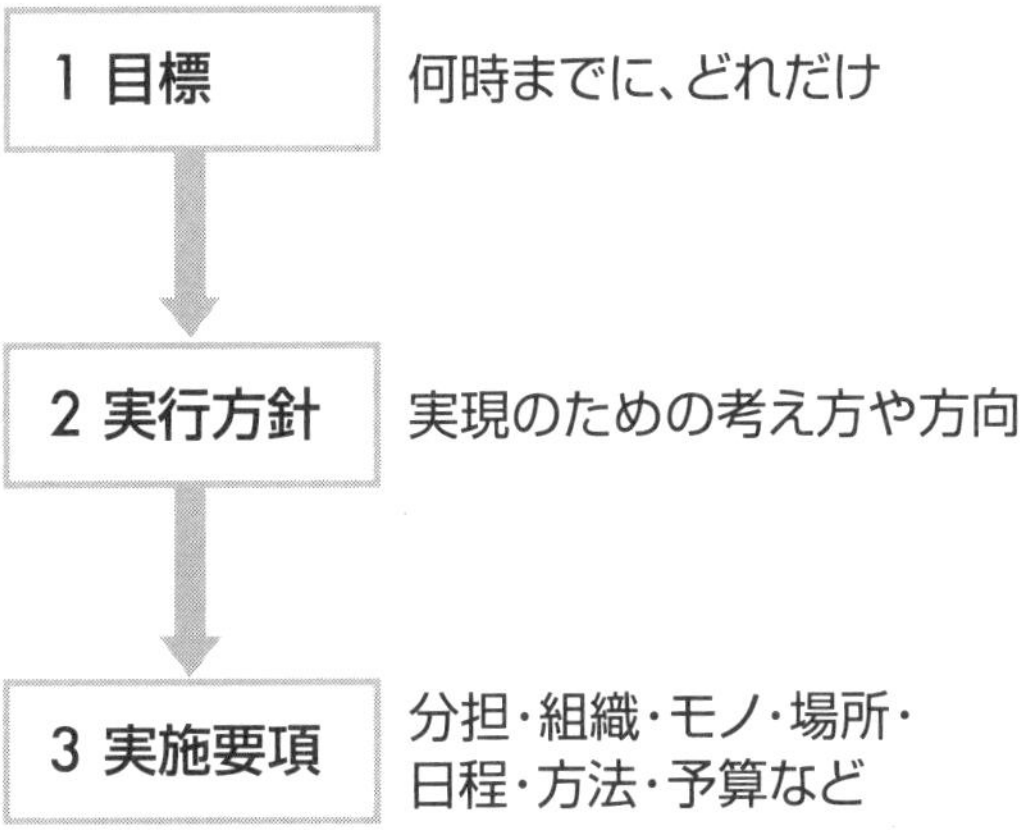

対案、複数案の列挙と選択、盲点のない多角的検討などは、どの企画にも共通であるが、以上の意思決定手順によって決定した構想に対し、これを実現するための**実行計画型**の企画では、すでに方向が決まった前提のもとに、到達すべき状態と期間を確認する目標、次にこれを達成するための考え方を示す実行方針、この方針に基づく具体策としての組織や人の分担、設備資材、場所、大日程計画と方法、収支予算などの要項を示すのがひとつのパターンである。

　実行計画型の企画で大切なのは「実行方針」である。目標を達成するための考え方を練って明確にしなければならない。目標からいきなり個別の方法に飛んでは困る。

開発型企画の各種パターン

普通、目標を達成するには障害がいくつかあるもので、それらを克服するための工夫や考え方が明確でないと、実行しても達成できない。これが失敗したらどこから崩れるかを予想し、それを克服するためにどんな考え方、態度をとるかを決め、これに従って筋を通して実施要項、実行の細目を決めていく。

開発型企画とは特定の商品の開発や、研究、設計、設備開発、システム設計、営業手法などの開発テーマを完遂するためのもので、そのプロジェクトのリーダーが通常立案する。これらの企画ではいきなり開発の細部に入るのは間違いのもとで、まず開発目標を定め、その達成のネック・ポイントを明確にして、それを克服する対策を選ぶパターンや、開発された新技術やその他の経営上の優位特性から出発して用途を選択したり、その特性を最大限に生かす方法を選んだりするものがある。

意思決定手順そのままに現在の商品や技術、販売網や販売方法の問題点から出発し、原因・対案・選択でいくものもあれば、理想形を追求し、これに現実の条件を調整することで、基本構想を固めるパターンもある。

いずれにせよ「伸びることとは食うこと」である。いまの開発企画は、まず同種の機能を備えた同業他社の商品や技術、設計、作品などを事前に研究して、そのうちの最強のものを選び、その弱点を研究して、それを上回るセールスポイントを開発目標としなければばなるまい。

自分がいいと思い込んだ構想に夢中になり、ライバルを研究もせずに突っ走るのは間違いのもと。これははるか昔の高度成長時代には許されたことでも、現在では、明確な特色、他社に勝てるセールスポイントを一言で語れるものが、よい開発企画である。

調査についてはどうであろうか。市場調査や社内外の実情を把握するための仕事では、まず調査の目的を明確にし、データや情報を目的にあわせて収集し、解析解釈、結論という形が一般であるが、時には先にある仮説を立て、データや情報でこれを検証し、そうい

調　査

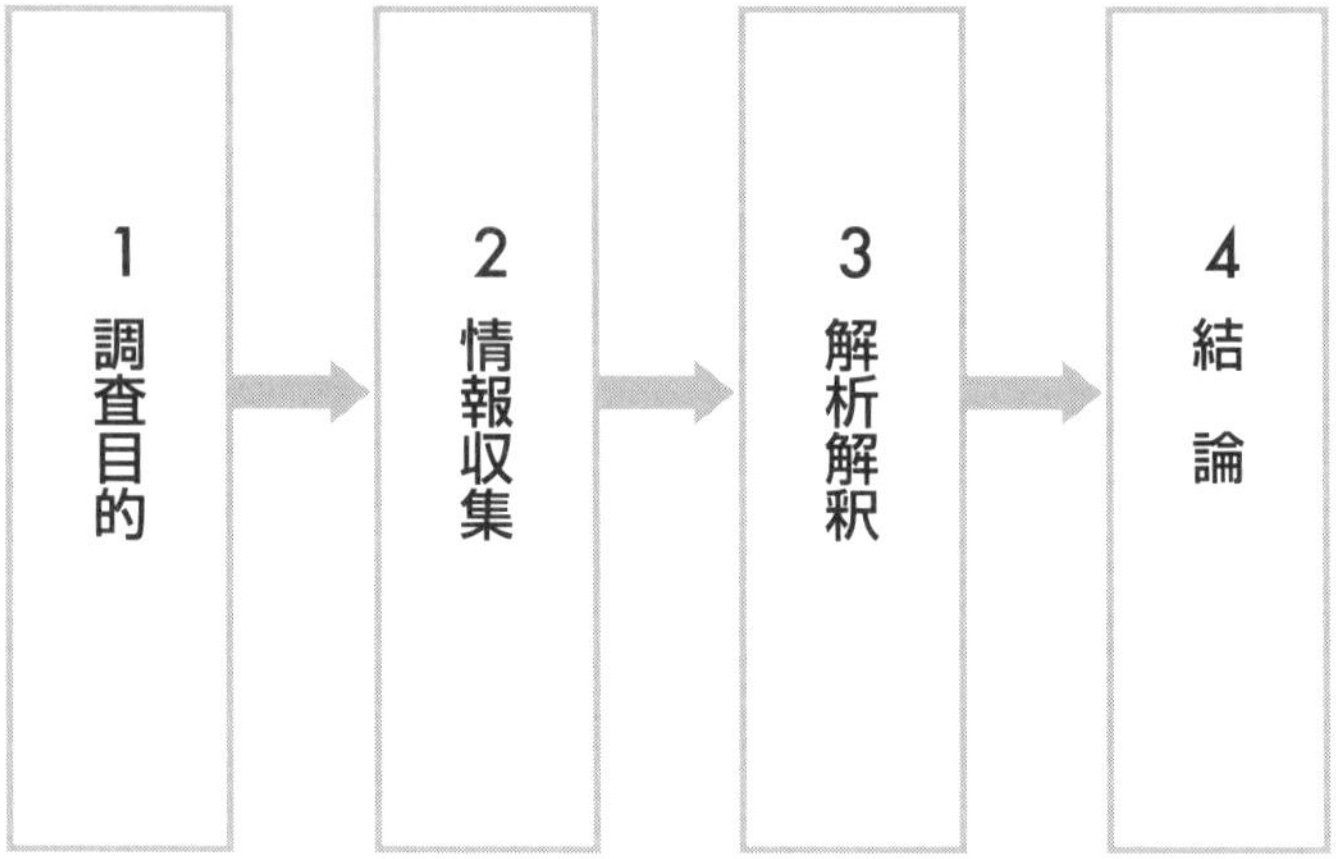

えるかどうかの結論を出すという調査もある。

調査では一般に、まず最初に社内の手持ちデータや情報を集め、不足の情報を確定して外部の情報収集に入る。すぐ外部を調べるのは順序ではない。外部の調べでも、まずその問題に関する外部のデータバンクの定例サービスでカバーできる部分を調べ、その上でどうしてもつかめないものだけを外部に調査委託するのが順序である。この手順を踏まないため、不必要に高いコストについているものが多いことに注意を要する。

調査では、まず先に最終的にわかればよいことを明確にし、できればそれが右か左か、何が証明できればよいかという形に絞り、その仮説を証明するための調査をするのが、もっとも効率的である。目的にもよるが、調査は一般に範囲を欲ばりすぎて高くつきすぎたり、意思決定のために十分役に立たなかったりする傾向がある。

このことは研究や実験、あるいは新製品の市場テストの場合でもいえる。結果がどうなるかわからないが、とにかく実験してみようというような態度では競争に勝てない。事前に十分に問題をつめて確率の高い仮説を立て、それを確認するために実験をやるのが正しい態度である。目的が明確でないと、すべての調査や実験はムダな遊びとなるものだ。

◎——定例計画は事務ではない

以上にあげたのは、特定の問題やテーマが出たときに行うプロジェクティブな企画であるが、次に年度、半期、四半期、月次などで行う社内各部門の定例計画や予算などの期間計画について考えてみよう。

ひとつの問題は、これらが**プランニングではなく、一種の事務作業**に堕し、一定の書式に数字を記入し計算して矛盾を調整するという、何の役にも立たない形式になってはいないかということである。

期間計画の手順

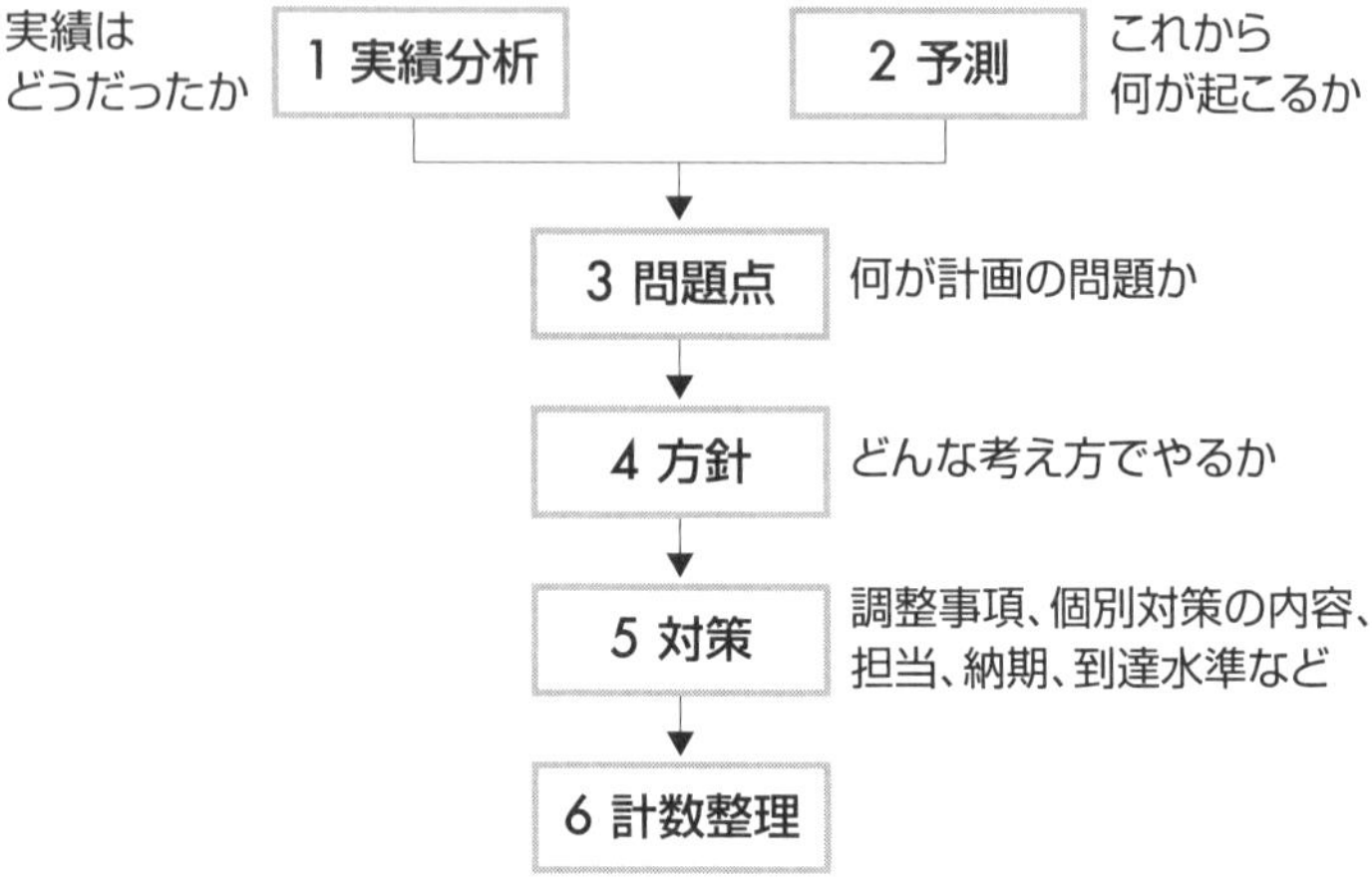

この種の期間計画には、まず問題意識があり、打つべき手が決定してコンセンサスを得、それに実行の意思が働いたものでなくてはならない。立案プロセスでこれらを生むことが期間計画を行うことの目的であって、**計画のアウトプットは計画表ではなく、打つべき手や決心なのだ。**

期間計画に必要な手順は、部門の性格によっても異なるが、まず、いままでの実績を分析して問題を明らかにし、次に今後の予測と予想される問題点を明確化してこの両者から方針を定め、計画達成のために打つべき主要な対策と個別の担当、期限、到達水準を明らかにする。その上でこの全体が数量的に表示された計画表が付表としてつけられ、相互に確認するという手順であろう。

大事なのは問題意識や方針、具体的に打つべき手や分担などであって、これを決めるのがプランニングなのである。計画表は単なる付属表にすぎないことを確認しておきたい。

定例計画や予算を単なる事務作業として扱おうとする管理者は、決して真似をしてはならない手本であり「反面教師」である。この種の上役の場合には、頼まれた範囲の仕事に止めず、積極的に以上のようなプランニングに持っていくよう動くのがよい。期間計画は計数整理の肉体労働ではなく知的活動である。下手に従っていれば、こちらもつまらない人間になりかねない危険がある。

セルフ・チェック

あなたの部門の定例の諸計画や予算作成は、

- ❑ 事務作業になり下がっている。
- ❑ それほどでもないが、ここに書かれたようにはやっていない。
- ❑ ほぼここで述べられたプランニングになっている。

◎――三〇〇七年前のミイラ

英国のある博物館を訪れた夫婦について歩いていた案内人が、展示されていたミイラの前で、こう説明した。

「これは三〇〇七年前のものですよ」

客は感心して聞いて眺めていたが、そのうちに質問した。

「なるほど。しかしそんな大昔のことが、なぜそんなに正確にわかるのですか」

案内人は得意げに答えた。

「いや、私がここで勤め始めたとき、このミイラは三〇〇〇年前のものだと聞かされました。

それから七年たっていますから」


企画に共通して大切なことのなかでももっとも重要な前提は、すべて現実に起こっていることや数字などの「事実」から出発し、これにいささかの想像や主観、錯誤も入れてはならないことである。これが崩れると、せっかくの企画活動も意思決定を逆に誤まらせ、会社に損害を与えてしまう。

実務のなかで経験を積めば、一見もっともらしく見える数字が、いかに現実と遊離した意味のないものであるかを発見するのはしばしばである。したがって情報収集過程で出てくるすべての数字は一つずつ注意深く吟味し、本当にそれがいま企画の土台としての目的に合ったものであるかどうか、違う目的のためにつくられたものではないかどうか、「三〇〇七年前」ではないかを確認し、必要に応じて補正や入れ替えをする。

パッと見て、おかしな数字がすぐ発見できるかどうか。これは企画のための基礎能力である。

社内で一般に言われている問題意識だが、現実はそれと違うこともしばしばである。「……が問題だ」という人の心理というのはおかしなもので、誰かが言い出し、それが広がっていく過程で、みんなの考えが追加されて変質しやすい。問題というのは**現場で確かめなければ**ならない。

事実からの出発（Fact finding）、これは企画する仕事のもっとも重要な基礎である。建物でいえば土台にあたる。工事が進んだあとで土台の欠陥を発見し、全部こわしてやり直さなければならないようなことがないようにしたい。

◎——論理的思考力

半導体の世界で先駆し、日本国内にも工場を増やしつつあるテキサス・インスツルメンツ（ＴＩ）社は、知識集約型の近代的経営の面で学ぶべき点の多い会社のひとつだが、ＴＩ社で採用する人の選考には、二つの重点基準があるという。

その一つは論理的思考力であり、他は話す、書く、説得するなどのコミュニケーション能力であるという。この二つさえしっかりしていれば、あとは働いているうちに何とかなるという考えである。

企画能力の最大の基盤は、この論理的思考力にあるといえる。原因と結果の因果関係に関する正確な判断や合理的な思考手順、正しい価値評価ができるか否かは、企画した内容を見ればすぐにわかるし、本当の意味での頭のよさ悪さも一目瞭然である。

論理的思考力は、一部の素質因子を除くと、大部分は学生時代までの学習で決まり、そして企業内部での実務経験によって相当の部分が追加されるもののようである。

企画にあたってはもうひとつ、実際にある案を選んだとき社内の関係者の間にどんな心理が生まれ、結果的にどうなるかの予測能力も問題になる。企業にはそれぞれ、その歴史や社内風土に根ざした「運動法則」があり、これを無視すると、最適の結果が得られない。この点から見て矛盾のない構想であることも、ここでいう「論理性」に含まれる。

セルフ・チェック

あなたの論理的思考力は、

- ❑ まず、しっかりしていると思う。
- ❑ どんなものか考えたことがない。
- ❑ この辺が弱い。

◎──企画力を高めるには

以上、企画力に関する主要な課題をいくつかあげてきたが、正確には企画のテーマごとに手順や方法、注意事項はそれぞれ違う。そのテーマに即したやり方を自分で選ぶ能力を持つ必要がある。

企画力を高めるために必要な第一は、とにかく企画をする**場かずを踏む**ことである。能力というのは繰り返しによって身につく。

企画のタネがないように見えるときは、自分で問題を見つけ出して企画をまとめ提案することを繰り返す。こちらから進んでチャンスをつくること。

第二に心掛けたいことは、**他人の立案した企画を注意深く勉強**することである。全社や事業部、部課単位の企画はたくさんあるし、企画に関わる書類はできるだけ眼を通して教訓を得、自分の心のなかで批評する。できればその発表会に出席するとか、立案した本人に話を聞くのもよい。

第三には、自分の企画プロセスのなかでの上役とのやりとり、部門内部での小打ち合わせ、社内からの情報収集などを、自分の企画能力を**高めるための機会**としてフルに活用することである。

手順の論理的矛盾や原因分析の不徹底、大事な対案の見落としや対案選択時の検討角度の欠陥などはよく起こるものだが、〝それは課長の決めること〟といった風に逃げず、自分がその責任者となって皆を説得する立場で考え、自分の考え方を謙虚に反省し修正していくこと。

企画というのは、その人の知的能力を総合した活動であって、独創性、合理性、緻密さなど広い意味での判断力を試される仕事である。これ以上の考えはないと思っても、常にさらに次元の高い見方があるものだ。

企画力に関連することでは、このほかに報告書のまとめ方や発表あるいは全体の日程管理など、いろいろの問題がある。これらは表現力や管理力などの項で触れる。

企画力の革新――まとめ

1 企画力の対象には、プロジェクト企画、期間計画、調査の三つがあり、それぞれ実施上注意を要する多くの問題がある。

2 企画活動では一般に、まず構想を決め、次に実行細目に入らねばならない。この二つの明確な区分認識がないと、失敗しやすい。

3 企画は意思決定の「部品」として行われるものであるから、直観案にこだわって優れた他の対案を逸し、原因を素通りして実行しても役に立たぬ案をつくり、あるいは検討角度に落ち度があって失敗するようなことがあってはならない。

4 実行計画、開発企画、調査などは、それぞれ質の高い企画を完成するためのパターンがある。テーマに応じた企画プロセスを考える能力が重要である。

5 長期短期の諸期間計画は、単なる事務作業として行ってはならない。この活動の目的は打つべき手を明確にしたコンセンサスを得ることにあり、計画表は付属表にすぎない。

6 企画力の根本はその人の論理的思考力にあり、これを高めるには意識的に企画の場かずを踏むこと。他の人の企画を注意深く教材にすること。企画プロセスでの上役とのやりとりを自分のために活用することなどが大切である。

3 改善力の革新

◎——先手で自発的にやるもの

ここで改善というのは、会社全体の生産性を継続的に高めていくため、社員がそれぞれの担当業務または部門の仕事のやり方を、

より高い安定した質で
より少ない手数で
より多く
より速く
より安く

より安全に

成しとげられるよう、つくり変えて利益を生み出す活動を指す。

仕事の改善力は、新人の段階を脱したならば、社員は誰でも持たなければならないものであり、また経験を積むにしたがって、より大きな利益を生む高次元の改善ができなくてはならない。

いま、日本で優秀企業と目されているトヨタやキヤノンでは、こうした第一線での改善利益が毎年、経常利益の二〇パーセント以上を占めており、経営を支える重要な柱となっている。

改善は上役から、

「こんなことを考えてみてはどうか」

と言われてやるものではなく、いつもこちらから先手で言い出し、実行するものであることを要する。なぜならば自分の**担当業務に関する限り、社内広しといえども自分以上に詳しい人間はいない**はずだからである。

社内での提案制度や、QC・ZDその他の社内運動は、それぞれこの改善を個人またはグループで推進しようとするもので、いまではこれらの活動によって改善の腕は一般に以前よりも高くなってきたといえる。しかし仕事の改善は、このような活動が組織的に行われているいないにかかわらず、本来、社員なら誰でも行わなければならない性格のものである。

小集団活動による改善は、ややもすると手法から入り、改善に本質的に重要な考え方が不十分な傾向もある。これをしっかり身につけることが大切である。

◎――改善にタネ切れなし

仕事の改善活動のためにもっとも重要なことは、仕事には無限の改善点があり、タネ切れということは絶対になく、またやらなければならないということである。

改善のタネがもう見えないというのは、その人の仕事を見る**理想が低い**ことをあらわす。

〝ま、いいじゃないの〟とか、〝こんなものさ〟という考え方をするのは大した人物ではなく、たとえ上役であっても見習ってはならない。

個々の仕事には必ず、その目的がある。その目的は最終的には生産性向上にあり、そのための手段としていまの仕事をやっているわけだが、その目的から見て最小限のつきつめた仕事の理想形を考えれば、いまの仕事がいかに改善を要する点が多いかがわかる。

たとえば事務を改善しようとするとき、〝この仕事をやめたら、会社はつぶれるか？〟と考えてみれば、いかにやめてよい仕事が多いかがわかる。問題は目的意識だ。〝何のためにこれをやるのか〟を正しくつかみ、いまの仕事はその手段にすぎないことをよく理解していれば、改善点は無限にあることが理解できる。

仕事を日常の現象としてしかとらえず、その意味や目的がわかっていない人はいないか。

〝目的は何か〟から逆算して、いまの仕事を目的達成の手段として見る眼が要求される。

◎――頭のなかのワクを外す

改善すべき問題が見えなかったり、問題がわかっても新しい方法が見つからないのは、自分が仕事に無意識の先入観を持ち、そのワクから脱出できないためにグルグル回りをしていることが多い。

上の問題を考えていただきたい。

ここに9つの方形の黒点がある。この全部を4本の直線のひと筆書きで結ぶ方法を考えよ。

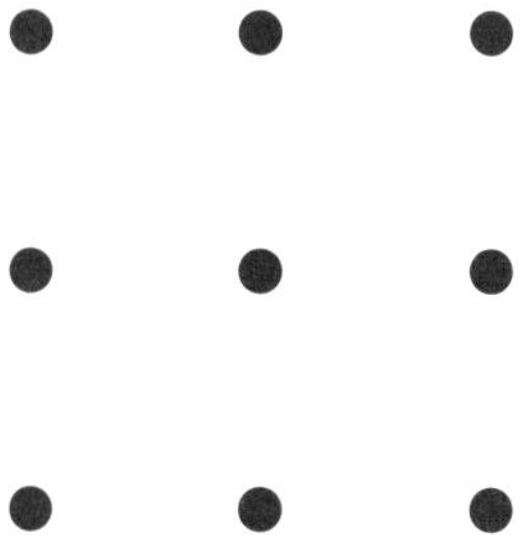

（多湖輝著『頭の体操』より）

これは有名なパズルのひとつだが、たとえばこの問題の場合、形が正方形に見えるために、まず四辺を結んでしまい、まんなかの点を結ぶために五つの直線を必要とすると考え、そしてこれを四本の直線で結ぶのは不可能だと考える傾向がある。あなたは、どうであったろうか。一三九ページの答えを見ていただきたい。

この場合の「無意識の先入観」というのは九つの点が正方形に見えたことである。これにとらわれたために、うまい方法は見つけられなかった。いくら情熱をもって考えても、これでは何も見えない。こうしたことが、われわれが問題を解決しようとするときに、よく起こる。

象徴的にいえば、われわれは、自分の心のなかにこの四角い**ワク**を持っており、そのなかから出られないために方法が見えない。しかも厄介なのは、われわれが方法を考えるとき、自分が閉じ込められている頭のなかのワク自体がどんなものなのかがよくわからないのである。

自分の頭のなかにあるワクから脱出する方法はいろいろある。

改善のプロセス

1 測定	仕事の諸要素に尺度を設けて現水準を測定する
2 問題設定	改善すべきテーマを決める
3 改善立案	原因を調べ、対案を列挙選択して方向を決め、細部を立案する
4 試行修正	実行してみて、不具合な点を直し、方法を確定する
5 マニュアル化	書きものの形で表現し、誰でもできるようにする
6 定着	決まった方法で間違いなくやる状態をつくる

◎――「測定」から「定着」まで

改善の一般的プロセスは、上の図のようになる。

まず改善の前段階として、自分たちの仕事の成果や質、コスト要素などを**測定**するための尺度を決め、これによって現在の水準を測るところからこれが始まる。

日常業務のなかでこれを検討し、あるいは仕事での見聞から、改善すべき問題を決める。原因を調べ、対案を考え、それを選び、**改善案**の細部を決定する。それを実行し、結果を最初に考えた尺度で見て成果を確認し、必要な**修正**をしてやり方を最終決定し、これを書きものの形で**マニュアル化**し、後輩などに指導し**定着**させるというのが、改善の主要プロセスである。

改善にはまず、その水準をはかる尺度がなくてはならない。前よりよくなったという漠然とした印象ではダメで、具体的に一年でこれだけ儲かるという利益が問題なのだから、まず数字がいる。

この尺度は、すでに日常部門内で使われ、検討の対象となっているものもあれば、そのテーマの効果をはかるために特別に設定しなければならないものもある。

問題の設定から方法立案までのプロセスは、前述した意思決定プロセスのミニ版と考えてよい。特定の先入観で思い込んだ案にこだわらず、原因や問題の性質をよく考えて、いくつかの改善方向を列挙し、もっともよい案をそのなかから選んで具体的なやり方を立案する。

企画活動と改善が異なるのは、このあとである。まず了解を得て改善案を実行に移し、その結果期待されただけの効果がでたか、不具合な点はないかをチェックし、案を修正する。一発必中というのは、なかなか

136ページの問いの答え

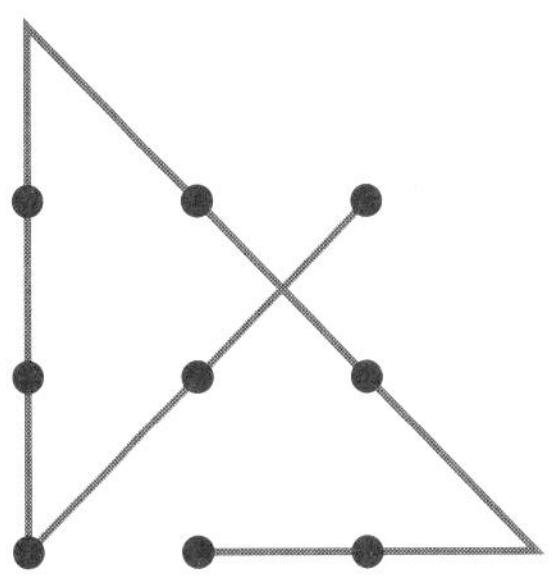

マニュアルの例

販売マニュアル	分類番号 BM-0220	頁33/100

Ⅲ販売話法

1.商談の上手なすすめ方10のポイント

商談をすすめるためには十分な準備と手順が計画されなければならない。以下のことを考えれば、かなりのポイントを押さえた話と説得力が持たれよう。

(1) お客様の感情に訴えること

お客様と喧嘩をしてもはじまらない。お客様を満足させるには彼がそう思うかどうかだ。その手助けをちょっとしてやればよいのだ。

(2) 販売用具の活用

舌先三寸、販売話法だけでうまくいくわけはない。お客様が納得するような資料、データ、立証ケースなどのツールが必要になる。

(3) 購買心理の順序を忘れるな

自分が何かを買う立場になった時のことをよく考えろ!　次のような順序になっているはずだ。

①注意……おや何だろう、と思わせる。
②興味……関心を持たせ必要性をつく。
③連想……効用を説く。視覚等の五感をつく。
④欲望……得すること、お役に立ちます、を強調。
⑤比較……反対意見を武器にする。だからよい。
⑥信頼……商品価値(利益満足)を確認させる。購買理由をハッキリ与えてやる。
⑦決意……よい潮時でハッキリ締めくくる。

(4)信用を得る話し方三原則

①断言……誠意と力をこめて断固として言い切る。
②反復……ここが勘どころという時は、繰り返す。
③伝染……信念は岩をも通す。まして人においてをや。

難しいものだ。

そのうえでその改善された仕事の新しい考え方や手順、方法、注意事項などを文章に書いてマニュアル化し、上役の承認を得て自部内の正式の方法として決定する。そして関係する他の仕事で直すべきものは直し、担当者にそれを教育して決まったとおりに行っているかをチェックし、必要な注意を繰り返して仕事を日常業務として定着させるわけだ。

改善は、実際に仕事の生産性を高めることであるから、案ができただけでは何もならない。実行しなければ無意味である。実行でも一度に完全にするのは難しいので、試行と修正がいる。これでやっと役に立つ方法が確立されたわけだ。

仕事というものは、そのときどきの状況によってどんどん変わっていくものであり、担当者も替わる。一度改善したつもりでも、それが乱れてしまっては元も子もない。だから改善された方法は明文化して誰にでもわかるようにしておく必要があり、よく教育して定着させておかないと、生産性向上という最終目的に結びつかない。

一般には改善案どまりで実行しなかったり、実行して成果が確認できても、それ以後のマニュアル化と定着の部分が弱いことが少なくない。これでは「改善のやりっ放し」ということになる。

◎——標準化ということ

仕事を改善する方法を選ぶについては、いずれにせよ必要な原則、考え方がいくつかある。その第一は標準化、規格化ということだ。

仕事というものは、同じ仕事でもいろいろなやり方があり、担当者によっても変わってくるが、ひとつの仕事にはいまの諸条件で考える限り、もっとも質が安定して高く、かつラクに速く安くできる、その時点での**ワン・ベストウェイ**がある。仕事を研究して現状でのベストウェイを決め、担当者がこれをしっかり守るようにすれば、生産性は高くなるという原理である。

こんなことはわかり切っているのだが、現実にはこれがきちんと行われず、人が替わったら一からやり直しになってしまったり、人によってやり方が違うために大きな不経済を起こしている例は、枚挙にいとまがない。

いまはノウハウの時代である。先輩が蓄積した仕事のノウハウを引き継ぎ、さらにこれを高度なものに改善して積み上げていく全部門の活動の結果で、他社との勝敗が決まるのだが、各人のやっている仕事の内容も他人には具体的にはわからず、しかもその仕事が研究されたベストウェイでもなく、仮にベストウェイであってもその人が異動すればもとのもくあみになり、大事な情報やノウハウが系統的に蓄積されていない状態では、競争に負けてしまう。

製品や部門、図面や契約その他仕事の種類を、もっとも繰り返しの多いものから標準化、規格化し、これをもとに、その組合せや部分の増減によって仕事がやれる状態をつくることも大切である。いまは顧客の要求が個々に異なるため、営業努力をすればするほど仕事は複雑になり、種類が増え、これがコスト・アップを生む。

これに対応してコスト増を防ぎ、またコストを下げるには、標準化、規格化しかない。繰り返しの多い部分からこれを進めていく。

仕事を標準化すると、いままでそれをやっていた人よりも経験が少なく能力が低い人でもそれができるようになり、結果的に同じ仕事を、もっと安い人件費でやることができる。これを**熟練の転移**というが、中堅社員は誰でも、自分の仕事を標準化して後輩に譲ったり、アルバイトにやらせたり外注できる状態にし、自分はもっと高度な、より高い付加価値を生む仕事を増やしていくようにしなければならない。

このことは部下や後輩の仕事を以前よりも高度化し、やりがいのあるものにしていく。

そしてそれをさらに機械におきかえていくことが、すべての社員のつとめである。

◎――機械的自動化と心理的自動化

改善の第二の原則は、**仕事を自動化**することである。自動化とは、望ましい改善された状態を自動的に実現する仕組みをつくることを意味している。改善された状態が特別な努力なしに自動的にできることとは、もっとも大切なことであることはいうまでもない。

そしてこの自動化のアプローチは大きく分けて機械的自動化と心理的自動化の二つから成る。

機械的自動化とは、いままで人の頭脳や手でやっていた仕事を機械設備や機器類におきかえ、仕事の質を安定させ、人手を省いてコストを下げるやり方で、生産の場では加工や運搬、組立てなどの作業を個別に機械化し、あるいはこれをつなげて全体を自動化することであり、また事務所におけるコンピュータやオフィス機器の利用による改善もこれにあたる。その代表はパソコンだが、近来この分野は、大きな変化の時期を迎えており、仕事の改善を考える場合、欠かせないアプローチのひとつとなってきている。

もうひとつの自動化は、**心理的自動化**とでもいうべきもので、簡単な道具やレイアウト、仕事のルールなどの組合せによって、人びとが心理的にそうせざるを得ない状態をつくることである。このやり方は次に述べるが、改善への応用範囲は非常に広く、有効な例も多い。

機械的自動化と心理的自動化の中間もある。たとえば前の工程からまずい部品が流れてきたとき、これを自動的に前に送り返して加工のやり直しをさせるオートメーション化をしようとすれば相当の金がかかるが、まずい部品が来たら自動的に機械がストップし、人に警報で知らせる仕組みは現場の知恵で少額の金でできる。

自動化は即、機械化ではない。機械化はたしかによいが、金のかかるのが最大の欠点である。やりたい。しかし金がない。じゃ止めたという短絡思考では何もできないし、むしろ金を使わずに目的を達することこそ、社員としての本当の知恵ということができる。心理的自動化や中間的ローコスト自動化を、大いに研究しなくてはならない。

◎──ドラム缶風呂の話

すこし古い話になるが、日本が戦争をしていたときの戦地で起こったことである。

野戦部隊がある村落に一カ月ほど駐留した。宿営担当者が村落のはずれに皆が入る野天風呂を、ドラム缶を改造してつくった。火事のおそれがあるのでこのドラム缶風呂は脱衣する家屋から道路を横ぎって一〇メートルほど離され、入る人は渡された踏み板を渡って入浴した。

ところがこの踏み板が、この道路を通る兵隊の泥足で踏まれてすぐ汚されてしまう。注意をしても止まない。入浴者からは苦情が来た。せっかく入浴してきれいになっても帰りにきたなくなる。

宿営担当者のやった改善は、高さ二〇センチ長さ四〇センチほどのブロックをさがしてきて、これを踏み板の代わりに置くことであった。こうするとここを横切る兵隊は、踏み石が高いのでいちいち踏み石の上に上がって下りることをせず、またいで通る。汚れはこのときからなくなってしまった。

これは心理的自動化の原理をあらわすひとつの例である。

人間はいろいろな心理を持っている。このケースでは、人間ができるだけラクをしたい心理を利用したものだが、ムダなだらだら会議に時間をとられたくなかったら、会議を立ってやるという方法がある。これでは時間が短くならざるを得ない。軍隊のブリーフィング（情報や命令の伝達）は、みな立ったままだ。

皆に要点をつかんだ要領のよい報告をさせようと思ったら一人一分間報告を義務づける。連絡が悪い二人なら机を対面に配置してイヤでも話さざるを得ないしかけにする。危険な場所を安全に保とうと思ったら入れないように囲っておく。不正事件を起こすまいと思ったら、担当者の短期交代制を敷く。

文句を言うのではなく、人が心理的に、あるいは生理的に、そうせざるを得ないような構造や道具、レイアウトにしてしまうのが心理的自動化である。

ここには比較的小さな改善をあげたが、基本的発想は大きなものでも同様である。一般には少額の金で道具を工夫し、人の心理に合わせた自動化をやる余地というのは非常に大きい。そしてこれを考えるのはパズルを解くような工夫の面白さがある。

まず金のかからない自動化を心掛けよう。

◎──機械を入れたいばっかりに

心理的自動化でなく機械的自動化による改善を考える場合、とくに注意を要するのは、機械そのものから考えを出発させてはいけないということである。

会社には、いろいろな設備、機械、機器類の売込みがくる。話を聞くと、もっともに思う。使っている実例を紹介されたりするとますます感心し、その機械を使うことを前提にして細部の案を考えようとすることは、よくあることだ。

しかしこれは、意思決定のプロセスからみて基本的に誤まった考え方である。機械を使うというのは自分たちの問題を解決するためのひとつの対案にすぎない。機械を使うことの前に、いったいそれによって解決しようとしている問題は何か。そこまで一度さかのぼり、その問題の原因を調べ、そのうえでそれを解決すべき対策を列挙し、機械化をその対案のひとつとしてそこに入れなくてはならない。

言うまでもないことだが、機械のために経営するのではなく、経営のためにもっともよいのが機械の導入である場合に限り、手段としてそれを採用しようということである。機械を使わずに同様の効果をあげる方法もあるし、そんなに金をかけない簡易な自動化もあるということをよく理解したい。

いまひとつ注意したいことは、機械を導入するときの採算計画にかかわることである。

社内で行われるこの種の計算を見ると、その基礎になる時間の節減率や歩留り原単位の向上、人員節減などの数字に、機械の採用が有利になるような数値を使い、複雑な計算操作で結果はこれだけ儲かるといった表現をする例が、いまでもあることだ。

たとえば半人分だけ手数が減ることになっていても、実際には「半人」という人はいないから人は減らせず利益は出ないし、これだけ大量に生産できるといっても、実際にそれが売れる見込みが不確実なら、それを導入することによって償却費の増える分だけコスト増になる。

機械設備や機器の導入によって仕事を改善するとき、その物を入れれば自動的にうまくいくということはほとんどなく、それに従ってまわりの仕事やシステム、人の分担やレイアウトなどを変えなければ、成果は出てこない。

また導入したあとも、仕事の環境変化によって成果が出なくなることはしばしばなので、採算計算の前提となる諸条件や、計算の結果を大きく左右する基礎数値とその信頼性を示す根拠は、計算書の先頭に書き、これをよく検討してもらう対象としなければならない。

新設備や新機器を入れたいという欲求ばかりが先に立ち、その一心でできるだけ案を通そうとする衝動は、極めて幼稚で、かつ会社にとって危険なものである。皆が苦心して積み上げた利益を、自分の欲求を満たすためにむしりとるような行動は許すことができない。

機械は、それが面白いものであるからこそ、危険な凶器になりやすい。夢中にならず、冷静でありたい。

◎――「複雑さ」はすべて敵

標準化、自動化に続く改善の第三の原則は、**単純化**ということである。

いまの時代は、すべての面で仕事の種類が増え、しかも個々の仕事のやり方が違い、相互の関連は複雑化する一方であることがひとつの特徴である。

複雑なものは、すべてコストを高める大敵である。個々の仕事が違うため仕事の質が不安定になり、ミスや取りこぼしを起こしやすく、人手と手数が増え、タイミングを逸して高い代償を払う。一度聞いただけではわからないような複雑なものはみな、望ましくないものである。

複雑化の時代に大事なことは、ことの重要な本質的な部分とそうでない部分、幹の部分と枝葉の部分をよく見分け、枝葉を切り払って重要なものを明確にして単純化し、そこに力を集中することである。いろいろな仕事がどれも同じように見えるようではダメだ。

枝葉の仕事は、もっと勇敢にやめてしまうことを進める。その仕事の最終目的は何かを徹底的につめてみると、自分たちがいかに多くのくだらない仕事をしているかがわかる。

やめるわけにはいかないものは、ほかの簡単な方法に代えてやめる。その都度手数のかかるものは一時にまとめてやる。毎月つくる表も、あまり見られていないものはやめて、臨時の調査で間に合わせる。標準化して部下に渡す。外注して監督だけをする。単純化の方法はさまざまだ。

単純化には、**思い切り**が必要だ。決断しない人には単純化ができず、いつまでも仕事に追い回されて肝心のことができないという悪循環から脱することが難しい。

セルフ・チェック

仕事を単純化することについて、あなたの思い切りは、

- ❑ これがないのが自分の問題だ。
- ❑ 思い切らないわけではないが、十分とはいえない。
- ❑ 思い切りのよい方だといえる。

たしかにつまらない仕事を切るのは賛成だが、それで手が空いて自分がラクをするだけ

では格好がつかず、怠けていることになるのではないかという考え方がある。

これは一見もっともなようだが、根本的な思い違いがある。自分の給料や諸経費は毎年アップし、このコスト・アップが会社の利益を減らす。同じことを繰り返していればどうなるのか。自分が毎年、会社の荷物を増やすだけの存在となる。

仕事を単純化する目的のひとつは、もっと大事な、利益を生み出す改善などをやる時間をつくることにある。つまらない手数を減らし、浮いた時間で利益を生み出す。こうしてはじめて、自分の給料や諸経費の増加分をカバーすることができる。

◎——「遅れ」はすべて罪悪

改善の第四の原則は、**同期化と**いうことである。

同期化とは、仕事の終了のタイミングを同時に合わせることによって手待ちや在庫など各種のムダや金利負担を排除することをいう。

会社の仕事は大勢の人が分業し、仕入先や得意先の協力を得て回転している。多くの部品を組み立ててひとつの製品をつくる場合、一点でも部品が間に合わないと組立ラインの人は手待ちになり、他の部品は仕掛品として金利を食い、納期が遅れて得意先の信用を害

会社の資金の流れ

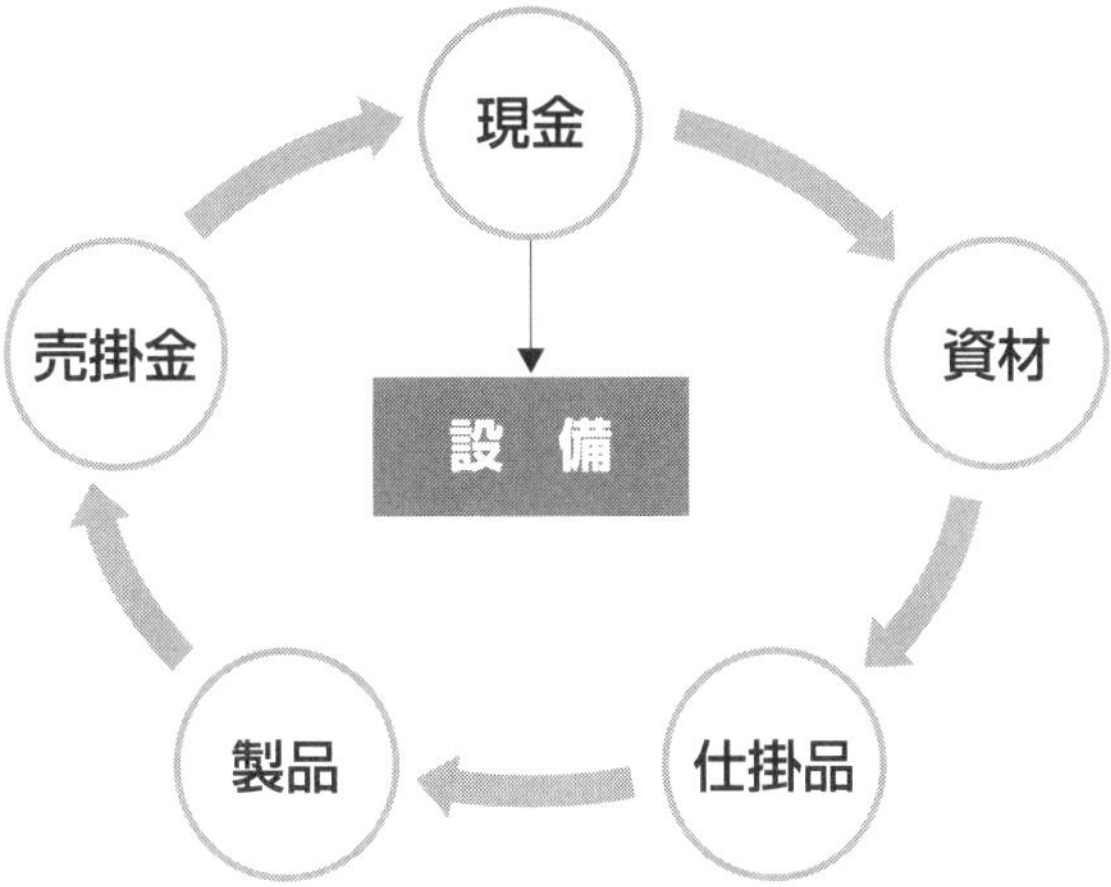

し、売上がそれだけ減って利益が減る。タイミングが合わないことはいろいろな種類の損失を、一度に発生させるもとである。

遅れることはすべて罪悪であり、改善の対象である。ひとつの部門のなかでも同様であって、誰かの時間をムダにし、人間関係を悪化させ、さらに各種の損失を生む。どうやって皆の活動のサイクルを合わせるかは、極めて重要な問題ということができる。

会社の活動をカネの面から見ると図のようになる。

経理の現金は購買部門で資材に変わり、それが出庫されて仕掛品となり、完成して製品となる。そして得意先に出荷されて売掛金に化け、回収されて再び現金になるのが運転資金の循環である。ほかに設備資金のように寝るものもある。

運転資金として寝ている現金や資材、仕掛品や売掛金などは、できるだけ少ない方がよいのは当然である。しかし少ないために次の工程に支障が生じると全体の活動がストップし、金利を節減する以上の損害が起きる。在庫その他の寝ている運転資金の量は、その会社の同期化の程度がどんな水準のものかを表わす。

社内での生産販売計画や資金計画といった種類の仕事は、あらかじめ量を予想して約束し、これを守ることによって同期化を実現しようというシステムである。この種の計画は大事なものだが、この原理だけですべての仕事の同期化ができるわけではない。

もっとも理想的な形は、寝ているものがゼロで、しかも次工程への支障もまたゼロであることだ。そんなことは一見ムリに見える。しかしこれをやっている例がたくさんあるのだ。

◎——ジャスト・イン・タイム

自動車工場での工程管理というのは、以前は左の図の上段のようになっていた。

組立用の部品が自社の機械工場や部品メーカー、外注先などから組立工場に入ってくる

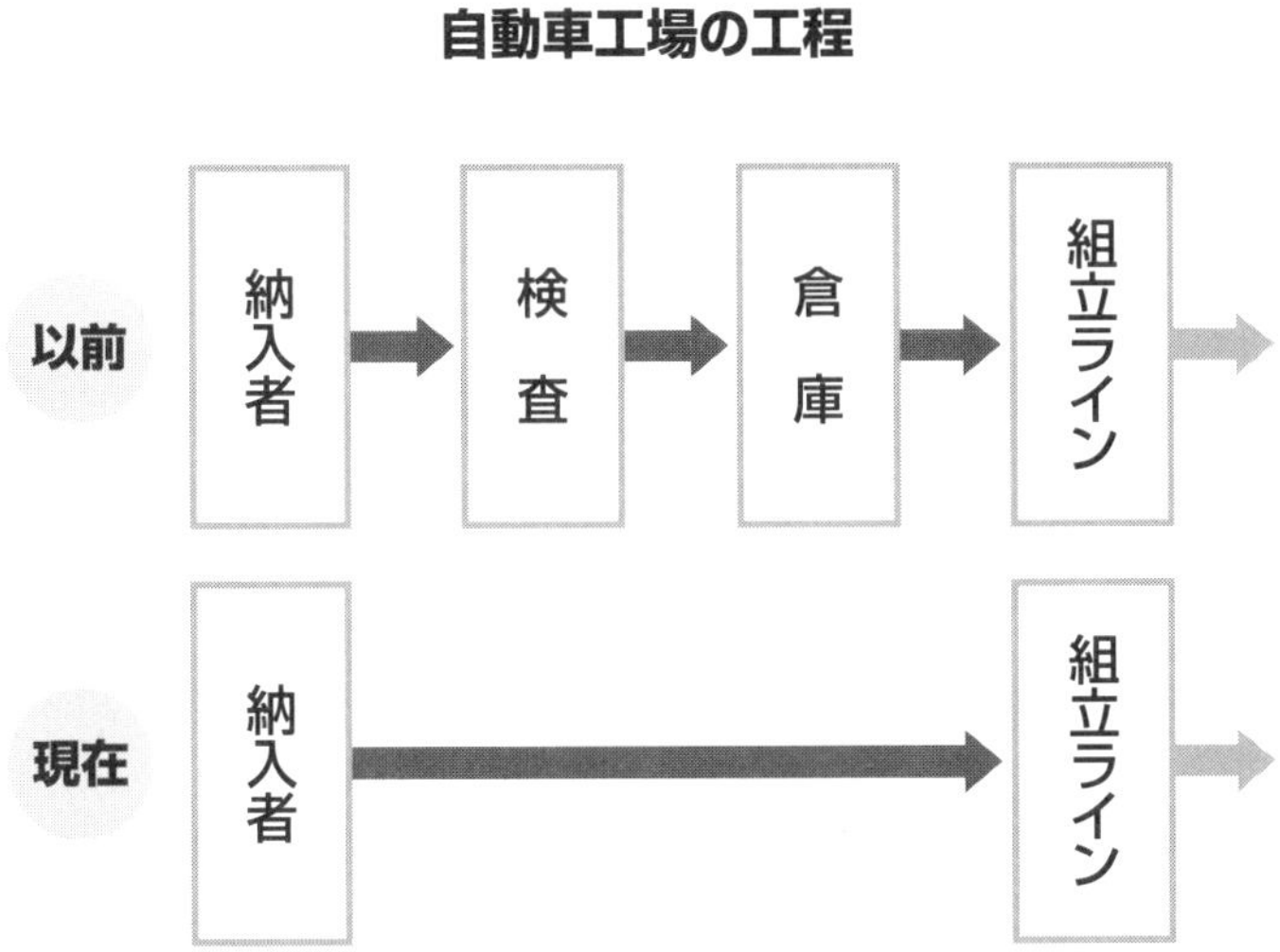

と、まず検査場で検査され、不良品が返される。検査をパスした部品は倉庫に入れられ、組立現場からの出庫要求によって組立工場のラインに出され、それが組み立てられるという手順になっていた。ここでは検査、倉庫、ラインそばに、それぞれ仕掛品在庫があったわけである。

しかし現在では、納入部品は直接に組立ラインのそばに納入され、検査と倉庫はない形式が多い。ライン搬入も定時・定点・定量方式で、その日に組み立てる台数分だけを時間と場所を約束して置くやり方で、極端に言えばその日に組み立てて出荷したものの部品は、すべて当日に納入されたもので仕掛りはゼロ、しかも組み立てに一切支障はないというジャスト・イン・タイム方式となっている。

どうしてこのようなことができたのか。これにはまず理想的なシステムを明らかにし、その上で障害になる要素を明確にして一つひとつつぶしていくという本質的アプローチがあった。

なぜ検査をしなければならないのか。それは納入品のなかに不良品がまじるからである。ならば不良品を納入させなければよい。外注指導を強化して不良品をなくし、それでもダメなら納入停止も考える。検査があるからこそ納入者もそれをあてにして不良品がまじる。検査がなくて自分の失敗が組立ラインを止めかねなければ、納入者の心構えもそれを出荷するときの検査もおのずから違ってくる。心理的自動化だ。

倉庫も原理は全く同じだ。倉庫があるから在庫ができる。組立量を決め定時定量でラインそばに直接部品を持ってくれれば倉庫はいらない。在庫があるから倉庫が必要だというのは論理が逆で、不経済なことおびただしいというわけである。

実際のシステムにはさらに工夫がつき、段取り替えを素早くやる方式や補用品生産の分離など、いろいろなものがある。

ジャスト・イン・タイム、不良ゼロ、手待ちゼロ、在庫ゼロは夢ではなく、どんな仕事でも工夫次第で可能なものである。

◎――デザイン・アプローチ

この改革からは、いろいろな教訓が導き出される。

その第一は、いまの現状から改善を考えたのでなく、理想的な状態をまず描き、それをやるための障害をひとつずつつぶしていくアプローチだ。この考え方はすべての種類の改善にあてはまるものだが、同期化ではとくに重要である。現状を正確に把握することは大切だが、それにこだわっていると、こうしたことはできない。まず理想形を描き、障害をつぶしていくという考え方である。

第二の教訓は、物事を本質的に考えたことだ。障害となった検査や倉庫は、それまでの常識からすると当然必要な、動かすべからざるものに見えたが、なぜ検査が必要なのかというところから出発し、それを必要とする理由をひとつずつつぶしていった。目的をよくつかみ、なぜ必要なのかの本源にさかのぼって考える態度が重要である。

第三は、論理の逆立ちをつぶしたことである。在庫があるから倉庫がいるのではなく、倉庫があるから在庫が増える。これは人の心理を洞察した考え方であって、常識の逆を考えることがいかに大事なことであるかを教えている。

ここにあげた三つの教訓は、本質的に物事を考え、現象にまどわされないという点で同じことであるといってもよい。本質的なものの考え方ができる人でありたい。

セルフ・チェック

あなたのものの考え方は？

- ❑ 現象にまどわされやすく、とてもではないが、こんな風には考えられない。
- ❑ いままではそうではなかったが、本質的なアプローチをすることをこれから考えたい。
- ❑ 小さなことだが、こうしたアプローチをやってきた。

改善に関するものの考え方や実際の方法論には、このほか非常にたくさんの勉強をしなければならないことがある。ここではもっとも重要と思われる考え方を中心に述べるにとどめた。またこれについての発表力や説得力については別項で扱う。

改善力の革新——まとめ

1 仕事の改善とは、上から言われてやるものではなく、常に自分が先手で自発的にやるべきものである。

2 改善は永遠にして無限である。もしタネ切れと思うのならば、それは単に仕事に対する理想が低いのにすぎない。

3 われわれの頭のなかには、無意識の先入観によるワクができ、そこから出られないために方法をつかめないことが多い。まずそのワクから出よ。

4 改善とはまず「測定」し、「問題設定」を行い、「改善立案」をやって「試行修正」し、その結果を「マニュアル化」して「定着」させるまでを指す。やって成果がでたら満足するのでは、改善のやりっ放しである。

5 改善の原則の第一は標準化である。もっともよい方法を決めて確実に守られるようにし、仕事の規格化を進めることが大切である。

6 改善の第二の原則は自動化である。これには機械的自動化と心理的自動化があり、まず心理的自動化や簡易な方法によってコストのかからないアプローチを心掛けるべきである。機械的自動化は重要だが、機械は「面白すぎる凶器」となることに注意を要する。

7 改善の第三の原則は単純化である。複雑なものはすべてコストの大敵であることを認識し、重要な幹《みき》を押さえて仕事の枝葉を切り払わねばならず、そのためには思い切りが重要である。

8 改善の第四の原則は同期化である。すべての仕事のタイミングを合わせ、ジャスト・イン・タイムを実現するには、ものごとを本質的に考えねばならない。

4　管理力の革新

◎──なぜ思いどおりにいかないか

社員がその担当部門にかかわらず専門職として共通に必要な能力の第三は、仕事を管理する能力である。

ここで仕事の管理というのは、要するに自分の意図したとおりに仕事を運び、思った時期までに思ったとおりの質とコストで仕事を終える能力を指す。仕事には、考える部分と実行する部分とがあるが、いかに考えがよくとも実行過程で期限に間に合わなかったり、質的に問題が出たり、金を使い過ぎたり、人に迷惑をかけたりでは話にならない。

しかしどんな仕事でも、自分が思ったとおりに仕事を運ぶということは、決して簡単なことではなく、ここで仕事のプロであるか、それともアマチュアに過ぎないかが分かれる。

セルフ・チェック

あなたの場合、仕事の管理能力は、

❏ ここが問題で、とにかく何とかしなければならない。

❏ 日常的な仕事や比較的簡単なことは問題ないが、少し複雑なことになるとうまくいかない。

❏ 日常的なことも、複雑な仕事も、まず自分の思ったように仕事をコントロールできる。

仕事の管理力は、自分が直接やる仕事を管理する能力と、人にやらせる仕事を管理する能力とに分かれる。またその管理の側面にもさまざまな問題があるが、ここではその主要なものだけに触れることとする。

◎——どれだけ処理できるか

第一の問題は、日常業務の処理を、どれくらいのスピードで間違いなくこなしているかという**業務処理能力**である。

書類の処理、電話や人の応対、各種の立案や文書づくり、報告や伝達、外回り、現場巡回や事情調べなど、日常業務は非常に多種類だが、限られた時間にどれだけの量の仕事をこなせるかについては、想像以上に個人差があるもので、プロは他の人ができないような量を短時間にこなす。

この能力を高める第一のコツは、できるだけ若いときに山ほどの大量の仕事を持ち、夢中になってこれをこなす生活をある期間続けることだ。強制されればこの能力は上がる。年をとってからでは治療はなかなか難しい。

このためには、**自分から進んで仕事を背負わねば**ならない。自分から言い出して新しい仕事を引き受ける。大量の仕事をやらざるを得ないような担当を希望する。自分が大変だなと思わざるを得ないような業務量をいつも背負っていれば、反射速度は向上し、より多量の仕事ができるようになる。若いときの仕事の負荷が少ないのは、この点でもっとも危険だ。若い人の最大の財産は体力であることをよく覚えておきたい。

セルフ・チェック

あなたの業務処理速度は、

- ❏ 他の人より遅いかもしれない。
- ❏ 普通ではないか。
- ❏ プロ級とは言えなくとも、同僚よりは速いと思う。

◎──日常業務は即決が原則

業務処理には、一日の朝が大切である。

パソコンや卓上メモ、手帳などに今日片づけなければならないことを全部メモし、昨日の繰越事項を入れ、ひとつずつ消し込んでいく習慣をつける。次々と連続的に動き、空白をつくらない。**ひとつのことをしながら、次にやることを考える**。朝のダッシュがよいと、その一日は充実した形で過ぎる。リズムに乗ることが重要だ。

仕掛り仕事、**未決を貯めないこと**。これを貯めると誰かが困り、他人の時間を奪ってしまう。このためには未決事項をハッキリさせておくことが大切である。

あとから修正がきくものときかないものの見分けも重要だ。どちらでもよいものやあとから修正できるものは、グズグズ考えずに直観で処理する。遅い人をみると、これができていない人が多い。

あとから修正がきかないものとは、修正すれば他の人に迷惑をかけたり、全部をやり直さなければならなくなる性質のもののことだ。一般に仕事の源流部分や人に関すること、一度その方向へいくと引き返し不能になること、他の計画や取り決めと矛盾して混乱を起こしそうなことなどである。

日常業務は即決が原則だが、以上のようなことは即決せず、よく考えて決めなければならない。これを瞬時に見分ける能力は、大量の仕事をやらざるを得なくなって処理にミスが出、自分が困る経験を積むことによって養われる。

仕事は速く、しかもミスがない。これが業務処理能力である。

◎——自分の時間を管理する

時間管理というのは、細かく予定を立てて一日中ギシギシ動くことではなく、**自分が大事と思うことに**

十分な時間を割けるよう自分の時間を自在にコントロールする

ことを指している。

やらねばならないと思う大事なことがあるのに、日常業務で手一杯で毎日押し流され、肝心のことができないというのが、時間管理の最悪の事態である。自分の時間が、なぜ自分の思うように使えないのか。時間に使われているような状態ではプロとはいえない。

セルフ・チェック

あなたの状態は、

- ❑ 毎日仕事に追われ、大事なことに手が回らない。
- ❑ それほどでもないが、大事なことが進んでいるともいえない。
- ❑ この点は大丈夫で、自分の時間を思うようにコントロールできる。

大事なことが思うようにできるようにするコツは、まずやらねばならない**大事なことを優先的にやり**、それで足りなくなった他の仕事の時間分は、その仕事をやめたり改善したり他に譲ったりすることによって、自分の仕事から取り去ることである。

まず個々の仕事を工夫して時間を生み出し、生み出した時間で大事なことをやろうとするのは間違いである。たとえ時間の生み出しに成功しても、せっかくの時間はまた、他のつまらないことで埋められてしまい、同じことになるものだ。大事なことを先にやり、それほどでないものを後回しにしたりやめたりするのは当然で、つまらない仕事をいくら工夫しても意味はない。

これがわかっていても大事なことに手がつかないというのは、それをやると時間がなくなってパンクしないかという心配からきていることが多い。しかし勇を鼓してやってみれば絶対にパンクはしないものである。価値の低い仕事に手が回らなくなるだけである。やればできる。強い意思をもって自分の時間を自在にコントロールする力をつけたい。

◎——日程を計画する

ある仕事をするとき、必要な質を維持しながら期限内に確実に終わるように仕事を管理することは極めて重要である。社内のどの部門に働く人にも、この管理力が必要だ。

この第一は、どんな小さな仕事でもスタート時点で日程計画を立てることだ。まずそれ

バーチャート方式による日程計画

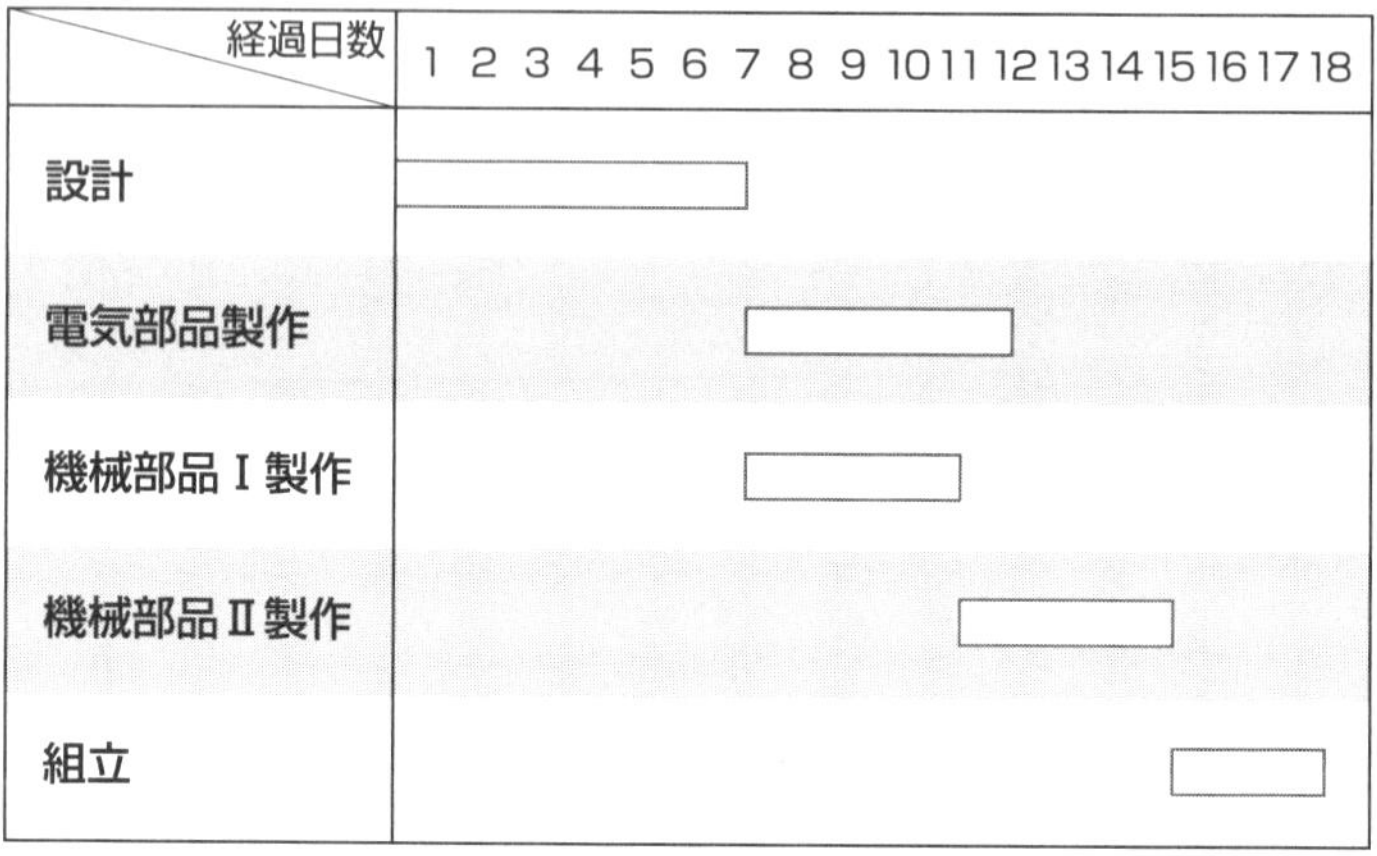

調査日程計画

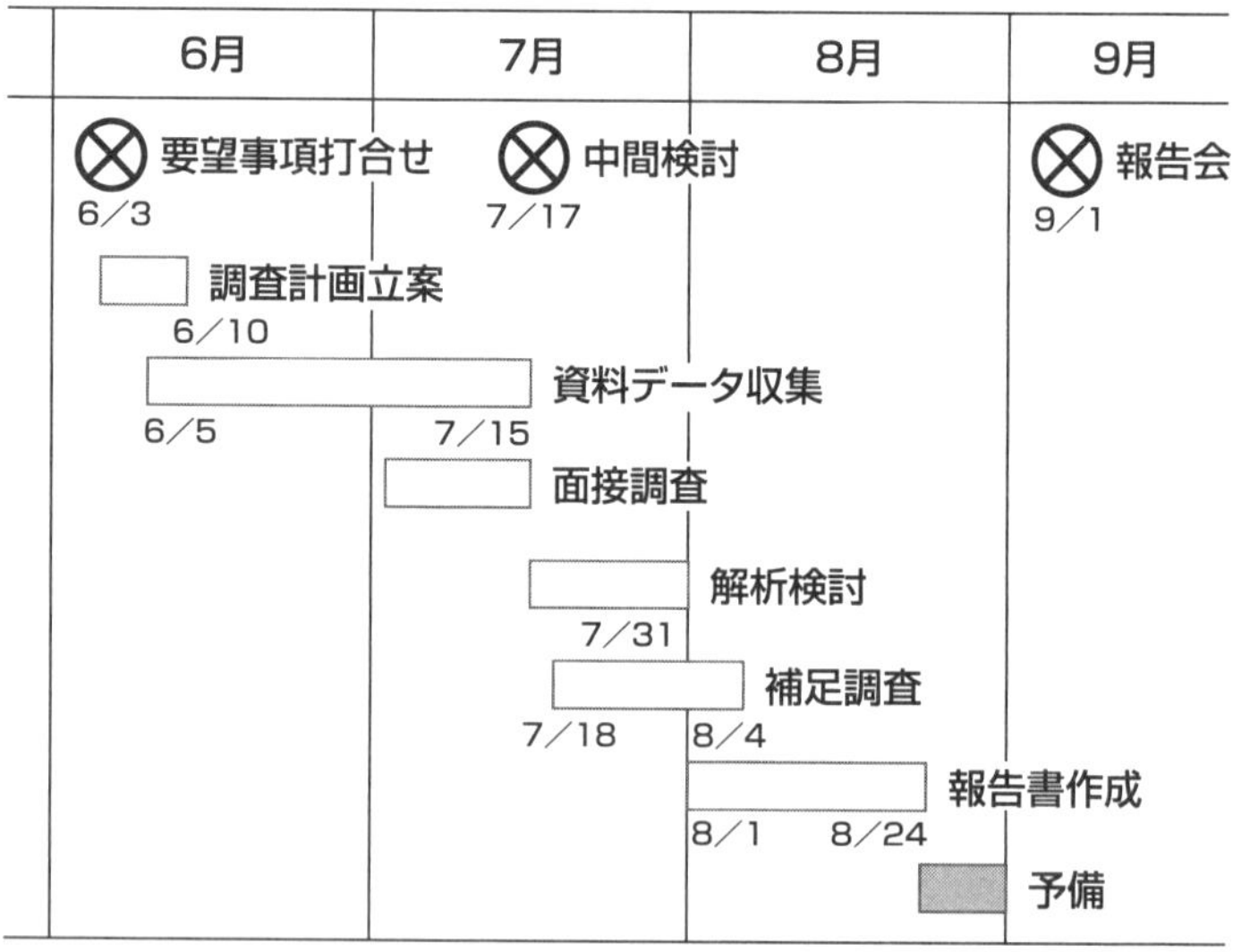

に必要な部分仕事に何があるかを列挙し、これを前後関係の手順に従って並べ替え、これを日程計画表としてチャートにすることである。大きなことも小さなことも、まず日程計画をつくる習慣が大切だ。

同時併行でやれる仕事は、できるだけ早めに着手するようにして全体の日程を短縮する。この仕事が遅れると全体が延びてしまうという重要な部分仕事を個々に検討し、もっと短い日数でやれないか、やり方を考え直す。どの部分仕事の日数が狂いやすいかをチェックし、そのときの対策を考えておく。実行期間中に全体を狂わす社内外の障害として考えられることを検討しておく。

仕事は、順序よく期限内にできればそれでよいというものではなく、同じことをどれだけ短い期間で片づけられるかが問題である。日程計画には、一応書き入れてみたあとの検討と修正が、これをつくること以上に大切である。

とくに企画や調査、研究など、不確定要素の多い仕事では、最終期限を決め、最後に**予備日数**をとって、その日数を引いた期間で全体の部分仕事がやれるようにすることが大切である。知的な作業の質は、最後の段階での見直しや吟味によって決まることが多く、ギリギリでまとめたものはたいてい質が落ちる。それほどではない仕事でも最後の予備は重要である。仕事には予期せぬ障害による遅延がつきもので、期限に遅れるのは予備を見ていない理由によることが多い。

仕事を始めるとき、手際よく日程計画をつくり、調整して早くやれるようにする腕前があるかどうか。これはプロとしての大事な条件である。

セルフ・チェック

自分の日程計画の立て方は、

- ❑ そうはいってはいない。
- ❑ まあまあだが、もっとこまめにやるようにしたい。
- ❑ これはだいたい卒業した。

◎──完成が延びるのはアマチュア

他人が参加する仕事の日程計画では、必ず事前に共同で検討し、それぞれが分担する部分仕事の最終イメージと納期を明確にし、大きな部分仕事では担当する人に、さらに細部日程計画をつくってもらって確認する。

個々の部分仕事は、予定日数よりも早めに終えて余裕が出るよう仕事を進めるのがコツである。最後に予備日数をとる場合も、それはないものと考えて予定どおりに進めて最終期限よりも早く終わるのが理想だ。ひとつの部分仕事が終わったところで実際の日程を入れ、あとの計画をその都度修正し、肝心なところは打ち合わせで日程の繰り上げや部分仕事の内容を変えたりする。こうして期限内に、うまくいけば、それよりももっと早く仕事が終わる。

日程計画にも、一年以上にわたる大日程、数カ月の中日程、一カ月以内の小日程計画といろいろある。日数のかかるものは大日程を立て、それから中日程、小日程と具体化し組織的にやる。

納期厳守ができるかどうかは、プロかアマかの分かれめである。生産や販売の第一線では納期は仕事の生命《いのち》で、遅れることは少ないが、研究や技術や管理部門では、この点、まだアマチュアが多いのではないか。社内的に遅れることの話がついても、それでよいというものではない。どの部門にあるとを問わず、自分の計画したことはすべて期限内に終える能力を身につけたいものである。

セルフ・チェック

あなたの「納期厳守」は、

❏ これができていないのが問題である。

❏ 定例的なものは問題ないが、企画や調査などの臨時仕事はそういっていない。

❏ 仕事の性質にかかわらず、この点はおおむね大丈夫である。

※バーチャートによる日程管理方式は、その後発展し、PERT（Program Evaluation and Review Technique）あるいはCPM（Critical Path Method）という形で精緻化されて、建設や大きなイベントやプロジェクトで効果をあげている。金や人手のかかるプロジェクト仕事には、これらの手法を使う。

◎──負荷コントロール

仕事の管理で次に問題となるのは、仕事の負荷のコントロールである。

これには自分自身の負荷と、部下やグループメンバーの負荷とがある。このコントロールができないと、手空きでアイドルタイムが出たり、一時に大変な負荷が生じてやっつけ仕事となり、仕事の質を落とし、期限に間に合わないという事態を起こす。

山積み表の例

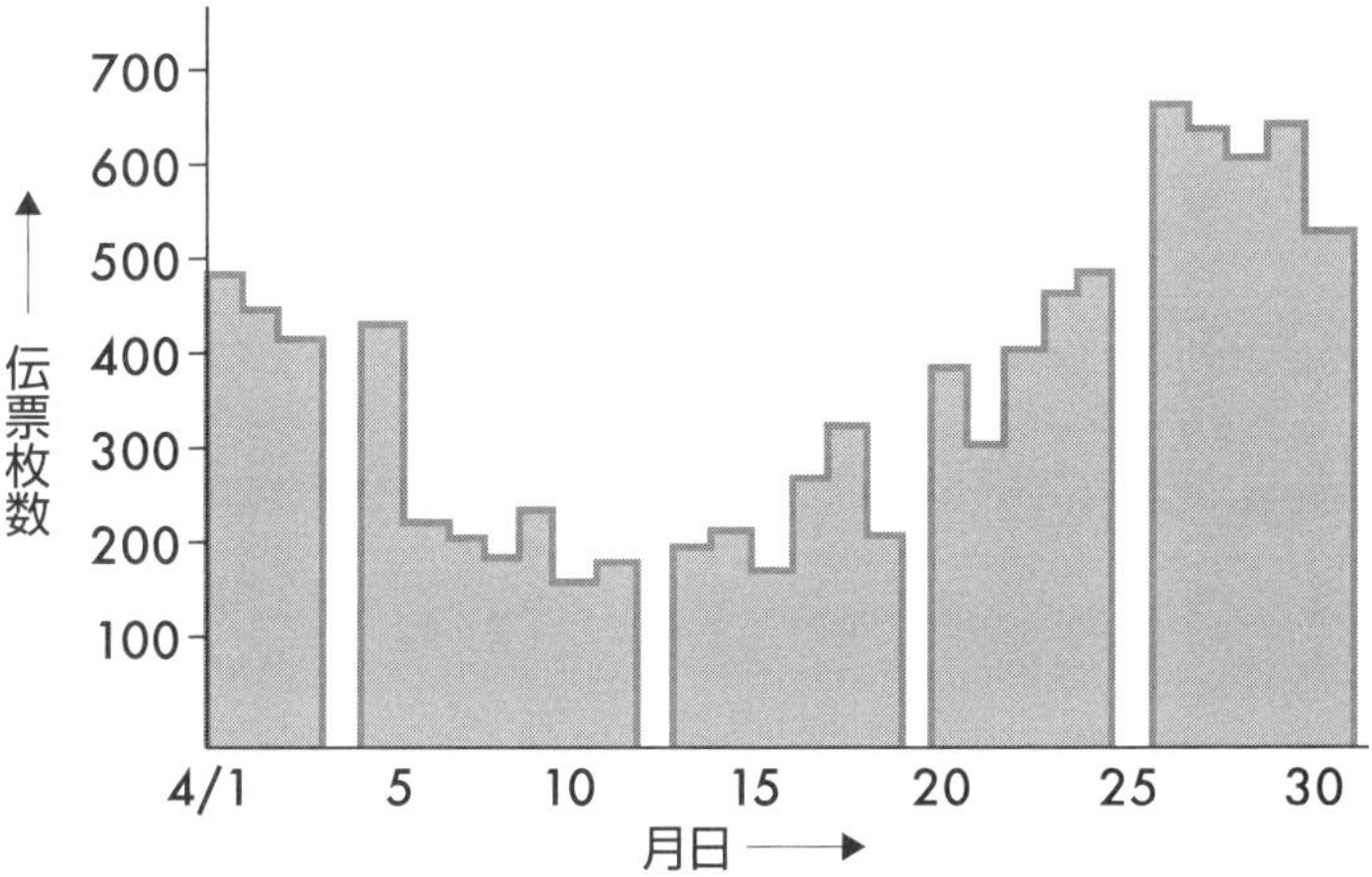

毎月あるいは年間恒例の季節的な仕事のピークをならして平準化し、安定した密度で仕事をする習慣は大切である。ピークは事前にわかっていることが多いから、ピーク時の仕事で前にやれる仕事を前倒しして谷間を埋める。これを計画するには普通、山積み表が使われる。自分の処理する仕事の量の統計をとり、一度つくってみるとよい。

会社全体の行事予定や、自分の仕事に深い関係を持つ他部門の行事日程は、事前に調べ、自分の手帳などに書き込んでおく。

仕事が未熟なうちは、いつごろ、自分がどんなことで忙しくなるかの予想ができず、いろいろ引き受けて結局できなかったり、遅れてしまったりすることが多い。**自分の仕事の**

先が読めないのはアマチュアである。

部下または自分のグループの人びとの仕事の負荷をいつもよくつかんでおき、先手先手で手を打ってムリがかからないようにする。自分がカバーできなくて部下をパンクさせたり、オーバーロードで苦情が出てくるようでは指導者の資格はない。残業量は負荷コントロールの拙劣さを示すことが多い。

部下の手空きをつくらないこと。仕事がないというのは一種の拷問《ごうもん》で、相手の能力を高めるためにもよくない。手が空いたとき何をやるかを決める能力は、相手の成長を支配するものだ。話しあって、できれば相手にやることを言い出させ、あるいは仕事を与える。経験の少ない時期には、前に述べたようにたくさんの仕事を持たせてフル回転させることが、部下の処理能力の向上につながる。

自分の仕事で頭が一杯で、ともに働く人びとの状態に注意が回らないというのではダメだ。とくにプレイング・マネジャーは注意を要する。

◎――コストと工数の管理

ある会社の設計部門では、グループ別、仕事別に工数（所要時間数）をつかみ、計画を立ててこれを管理することにした。

皆で打ち合わせをやったときには、全員これが大事なことと同感し、その計り方やリポートシステムについても熱心に議論した。これはなかなかうまくいくように見えた。事実すべり出しは正確に運営されていった。しかし三カ月めくらいから、工数報告が出てこないグループが発生した。催促すれば出てくるが、おざなりの数字であることは一見してわかる。そのうちにこの制度は有名無実となり、いつの間にか消えてしまった。

こうしたことはよくあることだが、重要な問題を含んでいる。それは仕事上ほかのことに眼が向いてしまい、工数や経費、スペース費など、コストの面への関心が薄いということだ。原価意識が重要なことは誰でも頭では理解しているが、それが実際の行動につながらない。

社員がプロであるゆえんは、仕事の品質や期限とともに、コストの面で考えがいき届き、反射的に時間や金のかからない行動を採ることである。このバランスがうまくとれているかどうかが問題で、仕事の品質だけを考えるのはアマチュアである。

仕事には何でも工数と経費がつきもので、これを管理する能力は極めて重要である。いまの調子でいくと最終的な工数や経費がどう落ちつくか。これをやると、どれだけの最終増減になるかを知って、最後に意図した数字や金額内におさまるよう、個々の行動を決めるのがプロだ。

工数や経費の予算は決して単純な事務作業ではなく、方法を決めるためにこれが計画されなければならないものである。やかましく言われたら、そのときだけ注意をするというのではダメだ。

計画した予算と実績が大きく狂うのも問題だ。予算というのは、**自分の努力を計算に入れて最終的に落ちつく予想数値**であって、これが大きく狂うことは、その期間中に起こり得ること、自分の力や打つ手の有効度を正確につかんでいないことを表わす。

工数や経費は、定期に計画と実績をチェックして必要な手を打っていくことが大切である。わかり切ったことなのだが、これができていないことがある。時間をかけずに要領よくこれをやる習慣を身につけたい。

◎──結局は意志と粘り

仕事を思うように自在に管理する能力の根本は、それをやりとげようとする意志の強さによって決まる。まあ何とかなるさといういい加減な態度では、仕事を管理できない。

仕事というものは思ったとおりにはいかないものだという、一種の潜在的敗北感を抱いている人がいる。これは自分が落伍者となる道を進んでいることにほかならず、プロとなるためには**思い立ったことは必ずやり通す**ことに自信を持たなければならない。

この自信を得るための方法は、まず小さなことから完全に思いどおりにやりとげ、そしてこれをだんだん大きなもので成功させていくことに尽きる。思ったとおりに仕事を完成することは大きな喜びであって、仕事は面白くなり自分の能力も伸びるという、一石二鳥の効果を持つ。

他の人に約束のとおり決めを守らせるには、まず**やかましく言わなければ**ならない。陰で舌打ちし〝やつはあれだからダメなんだ〟などと言ってみても始まらない。計画どおりに仕事をする能力は後輩もまた獲得しなくてはならないものであって、注意をするのに遠慮は不要である。

一度言ってもダメだと、それであきらめてしまうのはもっとまずい。相手がきちんとできるまで粘り強く、冷静に何度でもアプローチをする。

仕事の管理能力の面では、部下は上役に似、後輩は先輩に似てくるものだ。まず自分が、この問題について完全な自信が持てるよう努力することが先であろう。

管理力の革新——まとめ

1 管理力とは必要な質とコストで期限内に終わるよう、自分やともに働く人の仕事を自在にコントロールすることである。いかによい企画や改善案であっても管理力がなくては無意味となる。

2 一日に処理できる量が大量であることがプロの特色である。これには若いときに大量の仕事をこなした経験が重要で、また即決することと、しないで済むことを見分ける力が大切である。

3 どんな仕事にも、まず日程計画を立て、最短時間でそれができるよう、手順や着手時期、方法などを工夫しなければならない。完成期限が延びるのは、アマチュアである。

4 自分とグループ員の負荷を予想し、事前に仕事のピークをならす手を打つ必要がある。とくにプレイング・マネジャーは、自分の仕事に夢中になって部下をパンクさせないように注意。

5 コストや工数の管理力は、品質や日程に劣らず重要な能力である。計画した範囲に実績をおさめる管理力を身につけること。

6

仕事の管理力は、結局自分の意志の強さと粘り強さで支配される。自分の仕事を自在にコントロールすることに完全な自信をつけたい。

5 表現力の革新

◎——簡明・的確

会議資料、議事録、文書、マニュアル、諸報告書、計画書など、書くことは仕事のなかですべてに共通の問題である。

重要なのは書く力が、企画や調査、改善や管理といった知的労働の最終産物として受け取られることである。いかによい考えがあっても、それをピタリと表現できなければ相手には通じないし、冗長でわかりにくければ、内容よりも書いた人の頭の程度を疑われる。体裁は整っているが内容が空疎なものも同じである。話し方も同様だ。会議などで疲れるのは空疎な長話によることが多い。まずい話は話し手の頭の整理ができていないことを如実に示す。

仕事の上での書き方・話し方は、すべて**簡明・的確**が共通の原則である。誰かが書いたものを読むのも人の話を聞くのも、ともに相手の時間を奪うものであるから、要点をハッキリさせ、できるだけ短い時間に、内容を十分に理解してもらえるものがよい。

文章を書くのは文字を並べることではなく、話すのは単に音声を発することではない。簡明的確に事実や自分の考えを伝えるには、それなりのやり方があり、それを理解している必要がある。

書くのはよいが話すのは下手、あるいは逆に話すのはよいが書くのは苦手という人がいる。しかしこれは**両刀使い**がうまくできなければならない性質のもので、事実社内の仕事には「書いて話す」ことも多い。

技術者などで書くのは数字や符号だけ、それに口下手というタイプがいるが、書くことでは数字や符号だけでは済まないニュアンスが重要なことも多く、話し下手は問題にならない。営業マンには、口八丁で話すのは得意だが書く能力はゼロという人がいるが、これでは必ず何時か困るようになる。

表現能力は大きく、書く能力と話す能力に分かれ、書く能力はその対象によっていろい

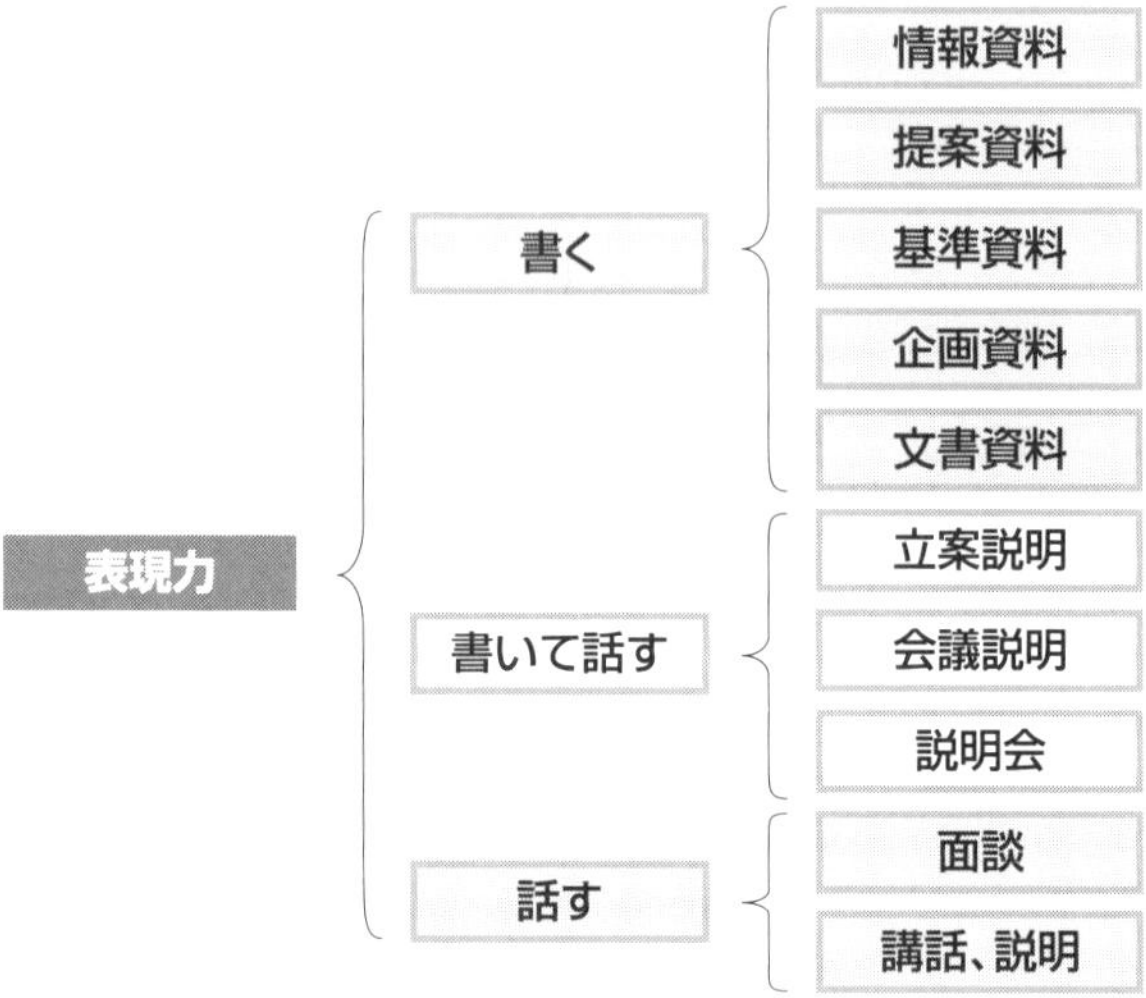

ろに分かれる。話す能力には一対一の面談と、多数の人を前に話す講話や説明（プレゼンテーション）がある。さらに説明資料を書いて話すものを独立して考えることもできる。

◎——書くもの五つ

実務上で書くものは、その目的によって五つに分けて考えることができる。

第一には会議その他の案内や議事録、出張報告や技術資料などのように、他に事実や情報を知らせ、あるいは蓄積するための**情報資料**である。第二は改善の提案や意見書のような**提案資料**、第三には通達や規程、マニュアルなど行動の基準となるものを立案する**基準資料**、第四には期間計画やプロジェクティブな調査や企画などの**企画資料**、そして最後に社内外への連絡や依頼、返答や報告などの**文書資料**がある。

まず第一に情報の伝達や蓄積を目的とする情報資料だが、これらは社内に標準様式があって、それに従って事実を記入するものが多い。事実と意見を厳密に分け、要を得た簡潔な記述を必要とする。

出張や巡回その他の行動報告は口頭で済ます例も多いが、簡単なもの以外はきちんと文書やメールで行う。これは他の関係者への伝達を「自動化」する制度であり、出張報告や議事録などは、それが終わったら翌日には出すのがプロだ。記憶が鮮明なうちにこまめに手早く書くのがいちばん手数がかからない。

第二の改善提案や意見書は、様式が決まっている場合を除き、基本は次のような流れになる。まず提案の要約あるいは概要を数行で最初に書く。次に問題点としてデータや状況を記述し、その原因や背景を考察し、最後に改善対策の具体的内容を書いて付属資料、というのが典型的順序である。

提案は文章や表現に凝ることは意味がなく、事実を正確に述べ、原因結果の論理を正しく踏んで進めること、提案内容が具体的であること、もっと手軽に素早く出すことなどが大切だろう。

基準資料、通達や規程、マニュアルなどは、以上の二つとは相当に異なる性格を持つ。これは社内でのオフィシャルなものであるから客観妥当性を持ち、一つの文章に解釈上の疑義を残さない記述が必要である。明快でわかりやすい表現が大切で、法令条文的冗長難解さを避けなくてはならない。

マニュアル類、とくに個別の仕事に関するオペレーション・マニュアルや手引き類は、その仕事を新人に教えるときの教育資料として親切なことが大事な条件である。みんなで手分けして現在の仕事のやり方を客観化して、完全ではなくても、まずつくることが先であろう。

個別のマニュアルに書く項目は大体決まっている。仕事の名称、担当する係の次に、その仕事の目的を書き、仕事前に準備すべき資料や道具機器類を指定し、具体的な仕事の順序を示してそれぞれの段階の注意事項を書く。それに付属資料や様式仕様などがあれば、つけ加える。

第五の内外に対する文書の起案は、昔は先輩が後輩の書いた文章に朱を入れて、繰り返し訓練させたものであったが、ここにも標準化の波が押しよせ、各種文書の部分文例の選択組合せをパソコンなどで行う時代となり、文書起案の仕事は著しく変わってきている。しかしこうした時代になればこそ、ますます互いの誠意や情感を表現する力が重要になってきているともいえる。礼状などは、一層の努力を行うべきであろう。

◎——要約する能力

書く能力がもっとも重要となるのは、調査報告書やプロジェクト企画書、期間計画書などの立案における記述や表現である。これは立案そのものが比較的高度な知的操作であるだけでなく、その表現が目的を達成するために重要な支配要素となるからだ。

これは話すことにも共通することだが、本来この種のものを書くということは、

相手に自分の考えをセールスし買ってもらう

ことを意味している。採用されなければその仕事の価値はゼロとなる。それならそれで、相手が自分の考えを確実に買ってくれるような書き方や話し方でなくてはならない。

商品のセールスには門前払いというのがある。会ってもらえないのでは売れるわけもないが、これにあたるのが**読む気にさせる書き方**、**聞く気にさせる話し方**である。相手に読む気や聞く気がなければ意味がない。

一般に、分厚い資料や長い話は、積極的に理解しようとする気持ちをなくさせる傾向が強い。口頭での説明をするときの資料は、できれば一ページがよい。資料として回覧するものはそうはいかず、読めば説明なしに全貌が理解できなくてはならないが、できるだけ薄くする努力をする。

報告や企画などの資料は、まず相手の求める「要するにどういうことか」の要約を、資料の最初に持ってくるのがよく、そして注意を引く工夫がいる。大体上役というのはせっかちで、最後まで読まないと何が言いたいのかわからないものは嫌気がさす。

書く場合の「要約」は、**短く、しかも具体的**なものでなくてはならない。短くしたために抽象的な、当たり前すぎることになってはどうにもならない。それは抽象化であって要約ではない。要約のしかたでプロかアマかがわかる。

上役などとの面談や報告でも、最初に要点を持ってくるのが原則で、相手の顔色を見ながらあとの話を縮めたり詳しくしたりすることも多い。ただし、ややこしい要件や相手の反対のありそうなもののときは、一般に事実の経緯から結論へと進むのがよい。

セルフ・チェック

あなたは以上のようなことを、書いたり話したりするときに、

- ❏ 十分意識してやっている。
- ❏ 部分的には意識してやっていたが、十分とはいえない。
- ❏ あまり意識していなかった。

◎──話し下手ほど無準備

話す能力には、説明（プレゼンテーション）、講話、面談などいろいろなものがあるが、大事なことは、**必ず事前に話すことの準備をする**ことである。話すことは誰でもできると思い、そのまま話す場に出て、資料などをもとにぶっつけ本番でやることは、日常の対話などを除き厳禁である。とくに正式の説明会や発表会、講話などで話すときには必ず事前に準備し、話す順序要点をメモにし、または説明資料に書き込みをして準備する。

これが必要な第一の理由は、限られた時間のなかで自分の大事と思うことを十分に伝えるには、内容の取捨選択をせざるを得ないからである。順序も変わってくる。話すという

のは、資料さえあれば、それでできるというほど簡単なことではない。

第二の理由は、自分の考えを売るのだから、買い手の参加者の心理を読み、計算ずくで話を進めないと買ってもらえないことだ。順序も表現も強調点も、相手によっては変える必要が起こる。へんなところでひっかかり先へ進めないようでは、労作も意味がない。

公式の発表や講話では、話の順序は大きく導入部と本題、結論という順序になる。最初の導入部では、趣旨を簡潔に話し興味を起こさせること。本題の部分に早く入り、相手の同意を得やすい手順で話し、最後に結論を再度強調して相手に印象づけるというのが一般的である。

一般には、話が上手な人ほどよく準備し、時間どおりに強い印象を与えて話を終わる。下手な人に限ってぶっつけ本番か準備不足で、時間が足りなくて肝心なことがぼやけたり、説明の順序や表現がまずくて相手の説得が不十分に終わる傾向がある。

これは講話や説明会でなく、上役やグループへの報告や提案説明でも同じことがいえる。納得してもらうのが難しそうなものほど、事前の準備が大切だ。

公開の席での話には、ＯＨＰやスライド、パソコンなどの準備をすることが重要なのはいうまでもない。

◎──注意分散徹底排除

公開の席上で自分が話すときには、聞き手の人びとの注意を徹底的に自分に集中させるのが、プロのやり方である。まず準備を周到にし、注意を妨げる要素を事前に排除する。会場が暑すぎても寒すぎても外の騒音が入っても照明が悪くても、自分の話の歩留りが落ちる。機器の操作などに時間をとり空白を生むのも、せっかく集中していた自分への注意を分散させてしまう。途中のアイドルタイムは、すべて敵だ。

話は始めの数分間が大事で、ここで自分の話に全員を集中させられるかどうかが勝負どころだ。本題以外のところでグズグズすると負け。すぐ本題に入る。

話すときの自分の言葉や動作のクセに注意し、これをとるように心掛ける。〝エー〟というのを何回言うかと勘定されたり、次はいつ時計を見るかなど、内容以外のことで聞き手が気になるようなことは一切厳禁である。なくて七クセ、結構誰でも聞き手の注意を分散させる言葉や動作のクセを持っているものだ。

そして、話はすべて聞き手の顔をよく見ながらやる。映像や黒板ばかりに向かって話すのは聞き手を白けさせ、自分が聴衆を把握する力を下げる。無意識のうちに一方の方向の聞き手ばかり見て、ほかの聞き手を見ないのも落第。聞き手が何十人何百人いても、全員が自分に向かって話してくれているように思わせる眼くばりが理想だ。

説明や講演は、要するに自分の考えを相手に売りつけ、集団を説得することであり、これらがうまくいかなければそれまでのすべてはムダになるという大事な場である。このような注意を神経質すぎるように思うとすれば、この意味を本当に理解していないといえる。

話には聞き手の注意を徹底的に集中させることのほか、間《ま》の置き方、途中の話の材料や緩急の語調テンポの変化で退屈を防ぐこと、聞き手の反応をよく見ていて心中の反論を消す応用動作など、いろいろなものがある。これらは経験を積むにしたがってうまくなるものので一朝一夕にはいかないが、心掛けていれば急速に上達する性格のものである。

◎——長話は頭の悪さ

発表や講話のようにたくさんの人に対するものではなく、一対一で話す報告や連絡・打ち合わせや交渉、情報収集などのための面談は、誰でもやっていることで比較的難しくはないが、それでも気をつけるべきことはいろいろある。

まず相手にわかりやすい話であること。よくわからない話には誰でもイライラするが、これは自分でも頭のなかの整理がついていないからで、話しはじめてから考えるのでは落第である。

次にどれくらい簡潔に手短かに話せるかが問題だ。重点を絞り順序よく話すこと。どんな複雑なことでも、相手がそれを短時間で理解しやすく話せるのがプロだ。自分が話そうと思うことについて相手がどれくらいの知識や先入観を持っているかをあらかじめ考えておく必要もある。

社外または社内の情報収集などのために人に会って話を聞くときは、まず相手の警戒心を最初に完全に取り払う表現や態度が必要である。利害をことにする立場の人から話を聞かされるとき、人は警戒しやすいが、これでは情報がとれない。

情報収集だけに限らず面談は一般に、話すことよりも**聞き方**の方が大事である。熱心に注意深く聞き、特定の相手を除いてむやみに腰を折らず、まず相手の話を正確に受けとめる。相手の話を表面だけで理解せず、なぜ相手がそう考えるのか、その言い方が何を意味しているかを頭のなかで考えながら聞く。相手の言葉を理解するのでなく**心を理解する**のが大切で、これによって自分の言葉や表現を選び対応していく。

◎——回数をかせぐ

書く能力や話す能力を高めようと思ったら、とにかくあらゆる機会をつかまえて書きまくり、また話す機会を多くして回数を重ねる以外にはないと思う。

書き方や話し方にもその知識があれば内容がよくなる可能性は高い。この意味で方法論は大切だが、それは基本的なことにすぎず、大部分は書く量や話す量によって支配される。

自分が不得手と思うことを意識的にたくさんやるのがコツである。書くのが不得手の人は、大儀がって書かないから上達しない。話すのが不得手の人は話すのを好まないので、いつまでたっても下手ということになり、上手な後輩が次々と出てきて肩身のせまい思いをする。

書くことに興味を持ち回数を重ねると、それだけ途中で工夫する回数が増え、本を読んでもその表現や書き方に興味を持ち、ボキャブラリーも表現のしかたも豊かになる。話し方もまた同じで、人の話を聞くときに注意深くなって、工夫が増え上達する。

書くことはつまり読むことであり、話すとはすなわち聞くことでもある。日記を書く習慣や社内報、技術紀要などへの投書もよい。積極的に回数をかせぐことが上達への道である。

表現力の革新――まとめ

1 書く、話すは、すべて簡明的確をむねとする。そうでないと、自分の頭の程度を疑われる危険がある。

2 書くものは、情報、提案、基準、企画、文書など、その資料の性質ごとに留意事項がある。説明資料はできるだけ一枚主義をとる。

3 書くことも話すことも、要約能力が重要である。自分の言いたいことを明確にすること。

4 公開の場での話にはすべて事前準備が大切であり、話し中は聞き手が完全に話に注意を集中できるよう、障害を排除しなければならない。

5 面談では事前に頭を整理し、相手の心理をよくつかみ、聞き上手になることが大切である。

6 書き話す能力の上達をはかるには、原則を理解した上で徹底的に回数を稼ぐのが秘訣である。自分の不得手なものほど、進んで機会をとらえてやること。

6 説得力の革新

◎専門職こそ説得力が問題

ここで説得力というのは、

自分が必要と信じることを実現するため必要な相手に働きかけ思った方向へ相手を動かすこと

を意味している。そして、専門職としての最終の仕上げが、この説得力である。

われわれは会社の業績に直結した働きをし、毎年新しい利益を生んでいかなければならないが、いろいろ考えたことも、すべてこの説得ができなければ無意味なものになる。単なる知識や情報の集積だけではコストがかかるばかりで、それを使って何かを実現しなければ意味がない。

いずれにせよ説得力は、業績に直結した存在になるために、どうしても欠かせない要素だといえる。

ラインにあって部下を持つ人びとは、その権限によって部下を動かしやすい。しかしスタッフはもともと、自分の権限関係にない他のグループや他部門の人に働きかけて一定の成果を上げねばならない仕事が多いから、ライン以上に強い影響力や説得力を持たなければ成り立たない職務であることを、よく自覚する必要がある。

もともと社内の諸活動は、その持つ権限によって動かされているのではなく、それぞれのポストにいる個々人の持つ説得力によって動いている。若い人でもまわりをよく動かして業績を残す人もあれば、高い地位にいながらこの力がなく、ただ人の上に乗っかって部下に動かされているだけの人もいる。

〝自分には権限がないからできない〟

という言い方は、見えすいた逃げ口上にすぎない。権限がなくともちゃんとやっている人はやっている。

説得力のない専門職ほど情けない存在はない。それは会社にとって、いてもいなくても同じの、もしいなければもっと利益が出る、会社に害をなす存在である。専門職としての修練を経なかったために、いまになって名だけの専門職で何の説得力をも持たない先輩を見て、後輩はどう感じるだろうか。

いまの社員の大部分は幹部専門職になる運命にある。そのときになって情けない思いをしないように、いまから計画的に自分の説得力を向上させていきたいものである。

◎——四方向説得力

「いや、それはわかっているんですがねえ、課長がうんと言ってくれないんですよ。え、説明はしました。でもわかってもらえないんです。とにかくうちは、上のほうが鈍いというか、やる気がないというか、困ったもんです」

こんな話を、どう思うだろうか。これは、もっともまずい状態のひとつである。仕事については自分の方が専門に担当しているのだから、課長よりは当然詳しいはずだ。それが説得できないというのは、こちらの方が、よほどどうかしている。

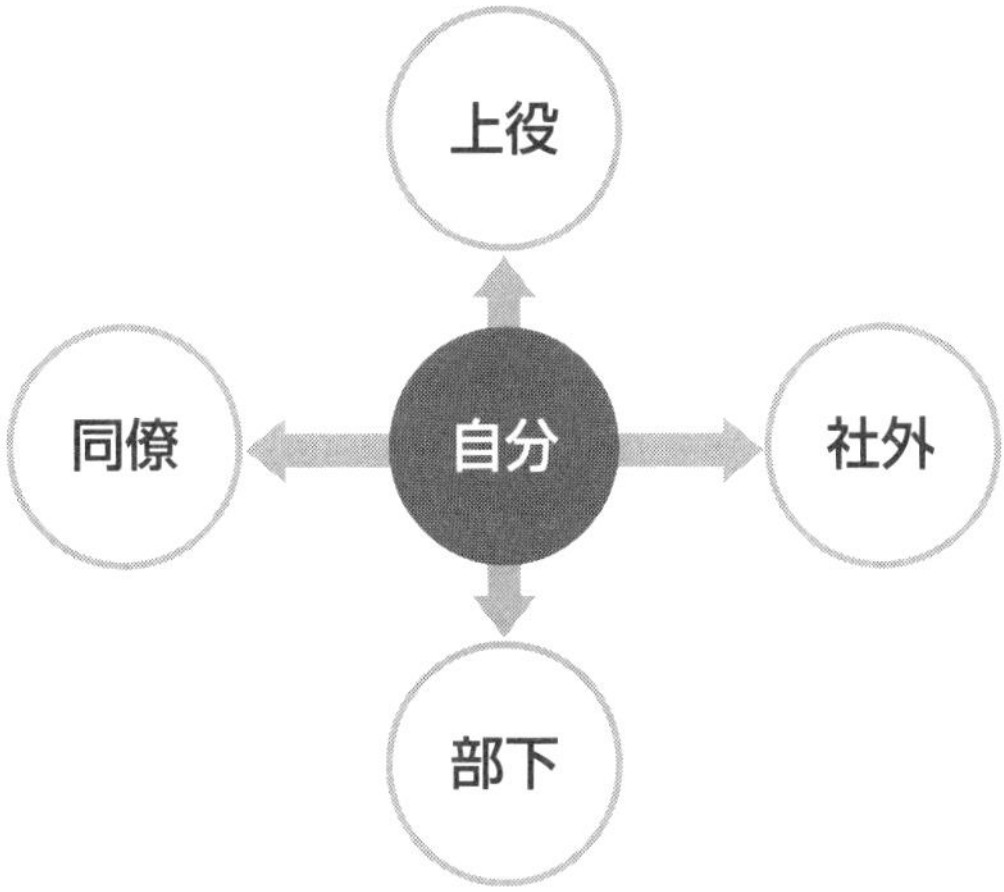

われわれが説得しなければならない第一の対象は自分の上役である。上役が〝うん〟と言ってくれてこそ仕事は動く。上役を動かせない人に対しては、その部下や後輩が内心軽べつし、信頼感をなくして思うように動いてくれなくなる。上役の説得、これはすべての説得力の中核に位置しているものだといえる。

自部門の仲間や他部門の同僚に対する説得力や根回しの能力も同様に重要である。これがうまくいかないと、上役の場合と同様に部下や後輩の信頼を失う。他部門の言いなりになっているため自分たちの仕事がうまくいかないようなリーダーには、ついていく気持ちを失ってしまう。上役や同僚に対する説得力のある限りは、部下はたいていついてくるもので、部下に対しての説得力も自然に確保される。

どの部門にも社外交渉の仕事がある。営業や資材購買はそれを専門とする部門だが、官公庁、金融機関、労働組合、住民、出入業者などとの交渉は、どの部門でもやっている。社外に対する説得力がどの程度のものであるかによって、会社の業績が大きく左右されるのはいうまでもない。

こうして、われわれが説得力を発揮しなければならない対象は、まず上役、同僚、部下、社外の四つとなる。とくに注意すべきことは、現代は昔の「番頭・手代」の時代ではなく、社員はそれぞれの担当する場所において主体性を持ち、強い説得力を持って四方へ働きかけ、自分が信じることを実現しなければならない時代だということである。

セルフ・チェック

あなたの、上役に対する説得力は、

- ❏ ここが自分の最大の問題点だ。
- ❏ 比較的小さなことはよいが、ちょっと問題が大きくなるとうまくいかない。
- ❏ まあ、必要なことはほとんど説得できる自信がある。

◎――まず信頼されること

上役・同僚・部下・社外、この四つの方向を動かす説得力に共通的な要素の第一は、相手が、**自分を信頼してくれている**ということであろう。

上役は信用していない部下の言うことは聞かないし、意思の疎通がうまくいっていない同僚や他部門の人がよく協力してくれるわけもない。これは得意先の場合も全く同様で、信頼感のないところに販売はない。仕入先は力関係で一時は言うことを聞くかもしれないが、長続きはしない。部下も同じである。

信頼感はすべての人間関係の基盤であって、信頼のないところに説得はないのだが、相手が自分をどう思っているかということについては、互いに案外のんきなところがあるのではあるまいか。

信頼感は、それが説得のために必要になったからといってすぐにできるものではなく、全く**これまでの平素の積み上げの結果**である。日頃相手に対して何をしてきたかが重要だ。

上役に信頼されるにはまず、いままでの自分の**仕事の実績**が問題になる。どれだけ積極的によい仕事を残してきたか。ミスが多かったり手数をかけさせすぎたのでは、何かを提案しても、〝きみはまず足元を固めてくれ〟と一蹴されることになろう。

上役への**報告が綿密**であるかどうかも、信頼感に影響する。様子がつかめないと上役はイライラし、〝それより、あれはどうなっているんだ〟というほかの話になる。

同じ部門や他部門の同僚との関係でも、平素ものを頼まれたとき、どれだけ積極的にそれに**協力**してきたかが分かれめとなる。さっぱり協力をせず、自分が頼むときだけは厚かましい自分中心の男と思われては、協力する気持ちは起きない。

日頃の**連絡の綿密さ**も、こちらからものを頼むときの鍵となる。連絡が悪く、〝なぜ先に言ってくれなかったんだ〟などと、ハラを立てている相手の協力を得ることは難しい。

顧客や仕入先その他の外部に対しては、相手の立場や志向している方向をよく理解して行動し、同様に**日常の協力**する姿勢の積み上げが問題である。一方的にこちらだけがトクをするという関係は決して長続きしないものである。

セルフ・チェック

説得しようとする相手の、自分に対する信頼感の程度は、

1 上役 □十分 □まあまあ □不十分

2	同僚	□十分	□まあまあ	□不十分
3	部下	□十分	□まあまあ	□不十分
4	社外	□十分	□まあまあ	□不十分

◎——一段階上の立場で

説得力に共通する第二の要素は、自分の提案する内容が的確で、相手の考えよりも優越していることである。案そのものがまずく、それよりももっとよい方法がほかにあれば説得は難しくなり、それを力で説得してしまうと相手を誤まらせ、不信を買って次からは言うことを聞いてもらえなくなる。

この点で提案が受け入れられるにはまず、その問題の性格や原因をよくつかんでいなければならないし、案に考え落としがあってはならないことはさきに述べた。説明した相手から〝この方法の方がもっといいんじゃないか〟と指摘され、なるほどと同感せざるを得ないようではどうにもならないし、〝まあわかったが、この案はこんな角度から見るとまずくはないか〟と未検討の角度を指摘されて参るというのもいただけない。

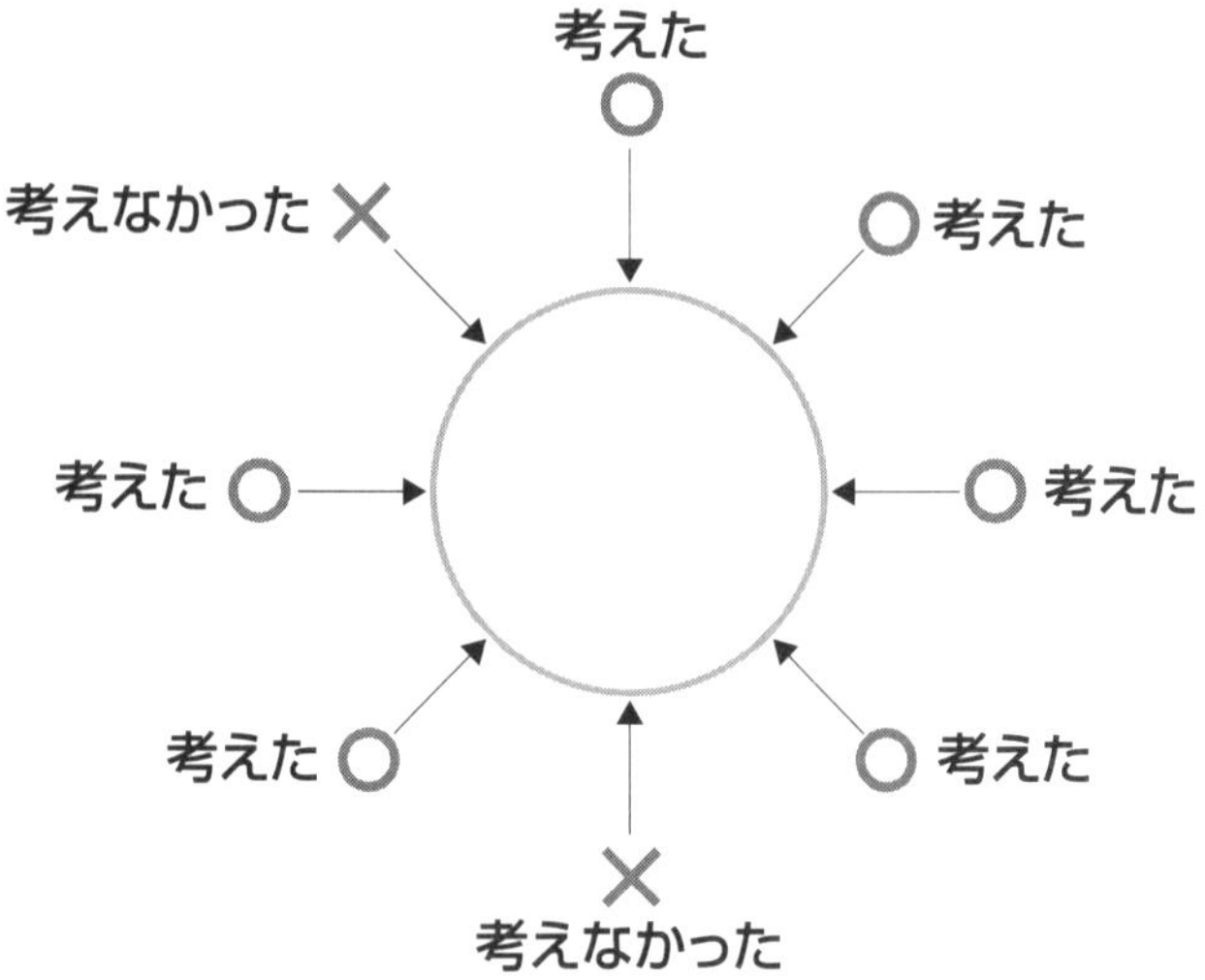

とくに上役の説得には、自分よりも一段階上の立場、つまり上役の立場で考えることが大切だ。これは社内のどの段階でも同じことであって、課員は課長の立場で、課長は部長の立場で考えて、はじめて説得ができる。

これには自分の直接担当事項だけでなく、課内の同僚への影響や他部門への影響もよく考えねばならないし、会社全体の動いている方向にも敏感でなくてはならない。地位相応の考えでは説得できず、常に自分よりも**一段階は上の立場で考える習慣**をしっかり身につけることによって、はじめていまの仕事が完全にできたことになる。

◎──心のエネルギー

学者で、評論家としても有名な某氏の話である。

この人のところへ、ある団体の若い人が講演の依頼にきた。これからの時代の思想や考え方について話してもらいたいという。きた人は三〇代半ばくらい。この行事の意味と自分の抱負について、熱心に話す。

しかしこの話の内容が、この学者にはよくわからない。多忙でもあるので断わった。しかしいくら断わっても通ってきて、とにかく一生懸命に頼み込む。とうとう根負けしたこの人は、かれの趣旨はわかりにくいながら、その情熱と根気に負けて講演を引き受けた。こうした講演には応じない方でも有名な人だっただけに、かれは小躍りして帰っていき、この講演会は大成功をおさめたという。

説得力の源泉となる第三の要素は、それを説得する強い心のエネルギーを持ち、情熱をもって粘り強く相手にアプローチすることである。

説得とはせんじつめると、自分のエネルギーが相手のそれに勝つということだ。いかに信頼関係があり的確な内容であっても、何とかして納得し協力してもらおうという**強い情**

熱と勢いがなければ、人を説得できるものではない。とくに上役には総合的に自分よりも判断力の高い人が多く、それぞれ抱えている事情と立場がある。部下に対してならともかく、上役の説得は一度で済むものではないと考える方がよい。ダメなら二度三度、さらに手を替え品を替え、時間をかけてやっと説得できるのが、上役というものである。

違う事情と立場にあるという点では、他部門の人びとも同じだ。繰り返しのアプローチによってはじめて協力が可能となることが多く、時間がかかる。だから他部門の協力を得るには、同意までの時間を計算に入れ、せっぱつまって頼むのではなく、早めに先行してコンタクトするのが原則である。

強い心のエネルギーや説得の情熱は、自分が売り込もうとする案に対する自信や信念によって生まれる。自分の売る商品に自信の持てないセールスマンは売ることができない。同時に社内の説得でもまず、自分の売り込みたい案そのものへの信念が条件である。

自分より経験の深い人を説得するには、自分の武器をフルに使う必要がある。経験は少ないかもしれないが、中堅社員には若さがある。若さからくる情熱とエネルギー、ここで勝負をかけようではないか。

セルフ・チェック

人を説得する自分の心のエネルギーや粘り強さは、
- ❑ ともにまだ弱いと思う。
- ❑ 普通かも知れないが、もっと強くする必要がある。
- ❑ この点は十分で自信がある。

◎――〝うちでは通らないよ〟

コンサルタントは、依頼された会社の現状を調査するとき、よく面接調査をやるが、こういうとき相手の人の問題意識や意見を聞くと、なかなかよい考えを持っている人が多い。それで、

「なるほど、それは面白いじゃないですか。どんどん進めたらどうです」

と、こちらが言うと、

「いや、それがダメなんですよ」

という答えが返ってくる。それはなぜか。惜しいじゃないかと反問すると、その大部分

の答えは、それはうちの会社の体質では通らない話であるとか、失敗した前例があるので言ってもムダだということになることが多い。

こうした態度は、根本的に誤まっている。だいたい会社をめぐる状況はどんどん変わってきており、前にダメだったから今度もダメという考え方では、いまの時代の会社は成り立たない。好ましくない体質的な問題であればあるほど、みんな総がかりでそれを直さなければならない時代である。

言っても通らないよという、いわれのない先入観が会社をつぶす。そんなことを皆が言い暮らして何もしないうちに会社はおかしくなる。このような考え方こそ、説得にあたっては完全に捨てなくてはならないものである。

セルフ・チェック

あなたの会社には、うちではこれは通らないというタブーが、

- ❑ いろいろあって問題である。
- ❑ それほどではないが、問題とすべきものはある。
- ❑ そのようなものはなく、誰でも言い出す前に諦めるというバカなことはしない。

◎――人を見て法を説く

私が昔、ある官庁に勤めていたときの話である。

私の担当の案件のなかで、問題の性格がなかなか難しく判断に困った一件があった。私は関連した事情を詳しく調べ、いくつかの対案をつくり綿密に検討して、これを処理するにはこの案しかないと思われる案を決めて自信のある稟議書をつくり、上役のところへ持っていき、詳細に説明した。

ところが上役は、ウンウンというだけで、ＯＫしてくれない。しかたがないので私は一カ月くらいたったところで、また説明した。上役は「こうだからダメだ」とは言わないのだが、では決めたとも言ってくれない。そんなことをしているうちに、上役は定年で退職してしまった。

その後、私も退職したが、ある日この上役と会い、思い出話をしたことがあった。そのとき私は、「なぜあのとき、あの案を決裁して下さらなかったのですか。私はあの方法しかないと思っていましたが」

と理由を聞いた。

かつての上役は、すぐには思い出せなかったようだったが、話を聞いて言うには、

「ああ、あれはね。あんたがあんまり隙のない説明をするんで、メンコク（可愛いく）なかったんだ。あれじゃあ、おれの言うことがないじゃないか。あんたはいまでもあんな調子かい」

私はまったく、これでギャフンとさせられたのである。

これは、意思決定に関する定石を正確に実行して、しかも説得には見事に失敗した例である。

この失敗の原因は、明らかに上役の心理を理解していなかったことにある。自意識が強く部下の言いなりにはなりたくないと思っている人には、案そのものが妥当であってもこんなことが起こる。

説得の最後の支配要素は、説得の技術に関することである。**人を見て法を説け**という言葉があるが、相手がいま何を考え何を問題とし、この案に対してはどう出るかを知って説得しなければ、うまくいかないことが多いのが当然で、説得の方法論のなかでは、もっとも重要なひとつといえよう。

説得力の構造

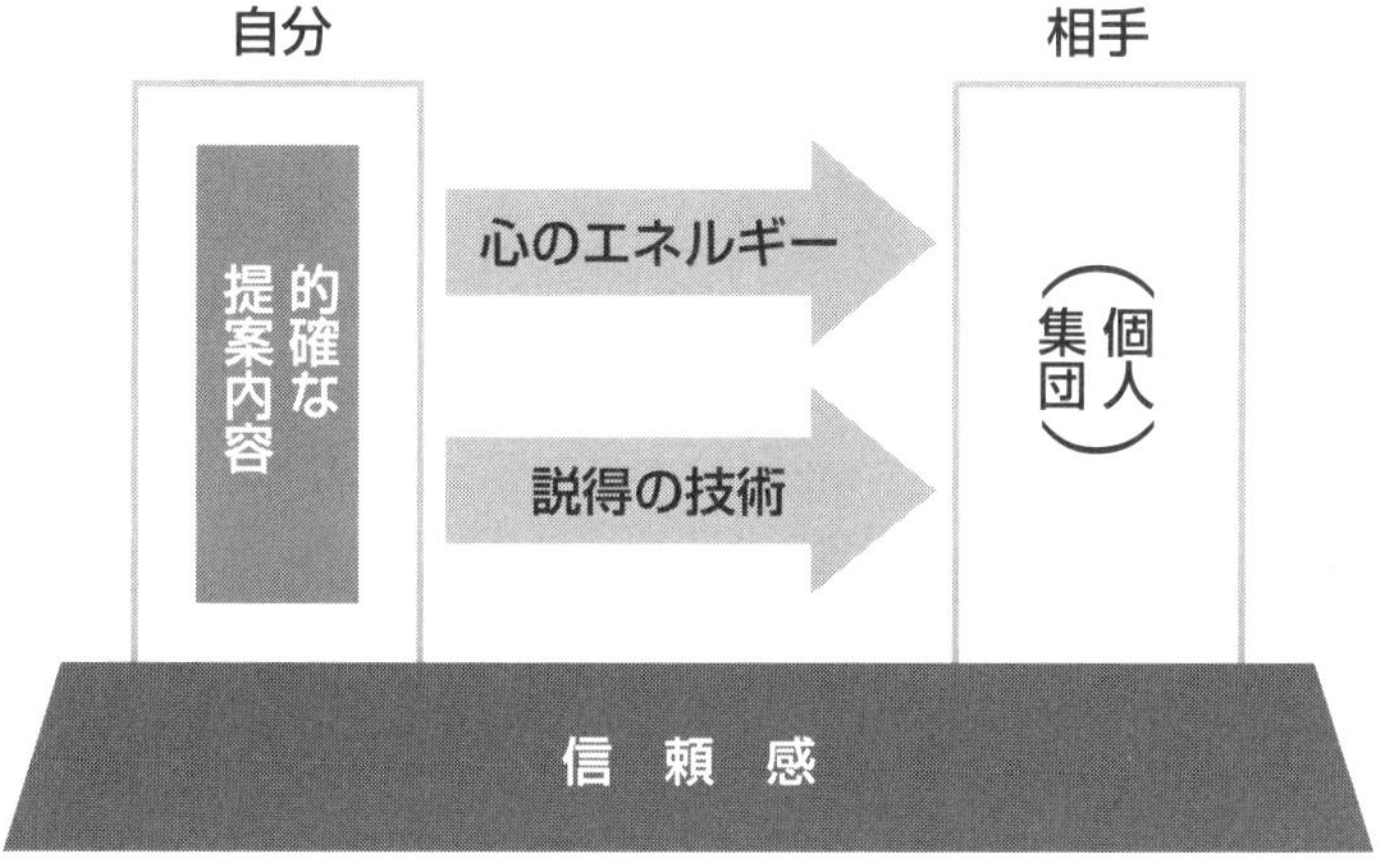

説得のための技術には、いろいろなものがある。ものには言うべきタイミングがあり、これが狂うといかによいことでもボツにされる。誰から説得していくかという順序も重要だし、特定の人に話すのにも話し方の順序があり、アプローチの方向や表現がある。技術は成功のために常に重要な要素である。

◎——四要素のどこが弱いか

以上の説得の四要素の関係、説得力の構造を図示すると、上の図のようになる。

まず全体の基盤となるのが、相手の自分に対する**信頼感**である。これがないと相手は話を真剣に聞いてくれないし、ときには真意を曲げてとる。すべての説得のための活動がうまくいかなくなる。

この基盤の上に立つのが**的確な提案内容**、自分の考えそのものが状況に適合した最良のものであること。これは案自体が説得力を持ったものであることを意味する。

次にこれを相手に伝える**心のエネルギー**の強さ、情熱の強さや粘り強さがあり、これと**説得の技術**の二つで、相手に働きかけ、説得の成果が決まる。

実際の個々人の説得力は、この四要素のバランスが違い、それが組み合わさった形で最終的な説得力となる。したがって自分の四つの要素を冷静に自己評価し、弱い部分を補強していく意識的な努力が望まれる。

セルフ・チェック

説得力の四要素のうち、あなたがまず重点的に補強しなければならないと思うのはどれですか。欲張ってもたくさんはできません。最優先で集中しようと考えるひとつに✓印をつけて下さい。

- ❏ 信頼感
- ❏ 的確な提案内容

説得力の革新――まとめ

1 ラインの人よりもスタッフの方が、権限のないだけ、より高い説得力を要求されるものである。とくに習練を要する。

2 専門職には、上役・同僚・部下・社外と、四方向を動かす強い説得力が要求される。これらの説得の前提は、まず相手に信頼されることで、これには平素の努力を必要とする。

3 説得にはまず、自分の案そのものが優れており、的確なものでなくてはならない。そのためには意思決定の諸原則を十分に満たしている必要があり、少なくとも一段階は上の立場で考える力がいる。

4 説得にはすべて強い心のエネルギーが必要であり、粘り強く繰り返しアプローチしてはじめて説得が可能となることが多い。これはうちでは通らないなどとは考えない。

5 説得には、人を見て法を説くことをはじめ各種の技術がある。また自分が、信頼感、的確な提案、心のエネルギー、説得技術のどこが弱いかを考え、弱点を補強する努力をする必要がある。

第5章

指導能力を革新する

専門能力の上に、後輩に対する指導能力を築く必要がある。
まず信頼される先輩となり、やる気を引き出し、
能力を成長させるための腕を磨く必要があり、
人を育てる喜びを自得したい。

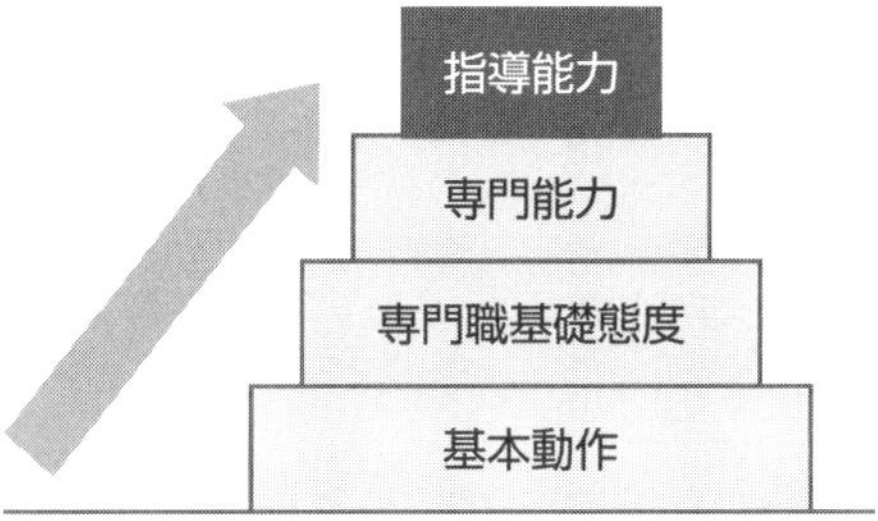

1 指導能力とは何か

◎──後輩の役に立つ

ここで指導能力というのは、自分の部下や後輩などに働きかけ、信頼関係をより強くし、やる気を起こさせ、相手の考え方や能力を成長させていく能力を指している。

係長、主任、職班長、グループ長などの人びとは、指導し働きかけていく対象となる部下の人びとが明確に決まっている。またとくに決まった部下を持たない人でも、新人を預けられて指導しなければならないことも多く、人事上はとくに自分の部下というわけではないが、自分と仕事をする後輩やアシスタントを持つことも多い。こういう人びとの能力を総合的に高めていく力が、ここでいう指導能力である。

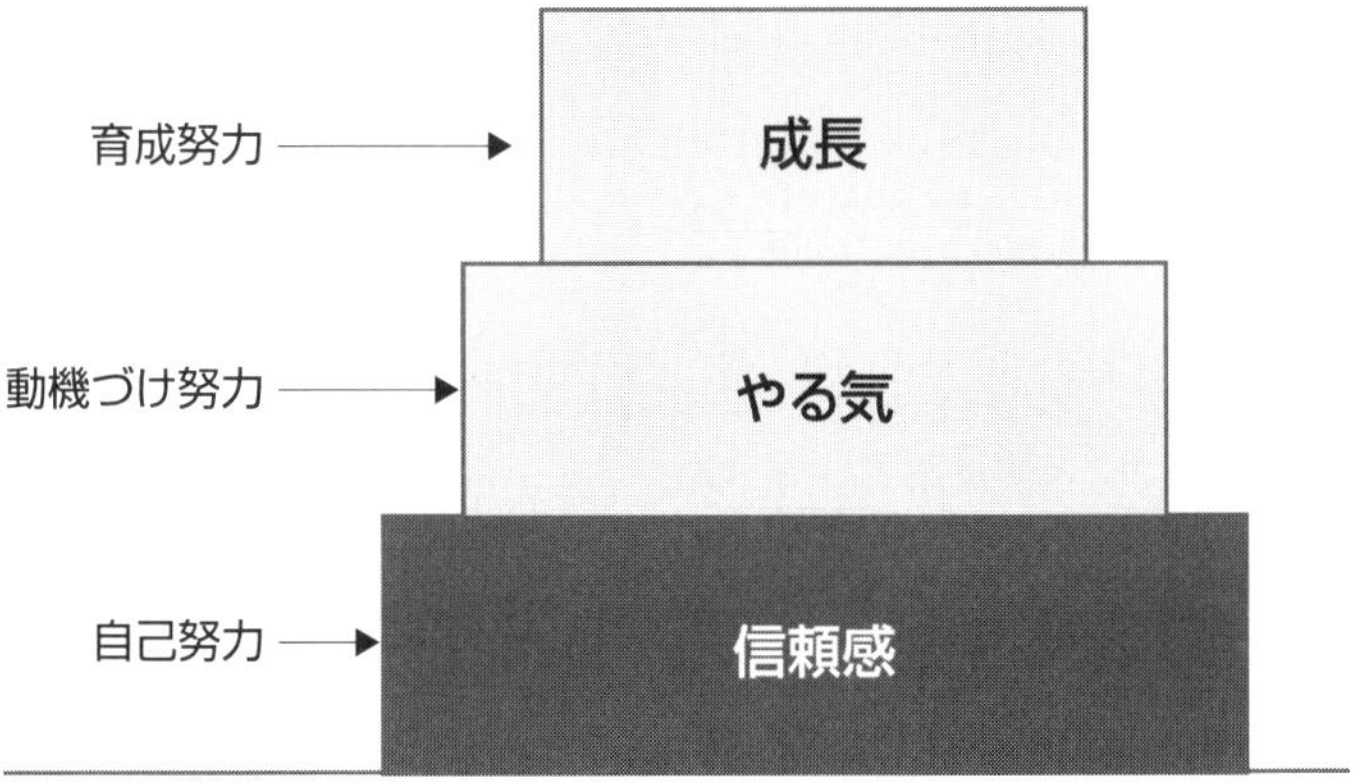

管理職以前の人びとと後輩との関係はさまざまで、大きく五つに分けて考えることができよう。

第一は工場での職班長などの**監督職**。相当数の人数を部下にかかえ、人の管理をするのが主業務で、自分が直接仕事に手を下す部分は比較的少ない。第二は**プレイング・マネジャー**。営業の係長や研究設計などの部分仕事のグループリーダーなどで、数人の部下の面倒を見るが、自分も直接戦力の中核として活動する。

第三は人事上部下とはいえないが、特定の後輩がアシスタントにつき、あるいは大部分の仕事を一緒にやるという**指導専門職**。第四は購買担当者、営業主任など原則として部下や指導すべき部下は持たないが、共同の内部サービスのサポートを受ける**専門職**である。監督職やプレイング・マネジャーの場合は、人事上の指導責任ははっきりしている。しかし指導専門職や専門職の場合も、後輩に対する指導責任はすべてあるわけで、たとえ組織図上では同列に見えても、自分よりも後輩であるならば、機会あるごとにその能力を高めるために努力し、相手に貢献をしなくてはならない。

いまの中堅社員も、年齢の近い先輩に導かれて育ってきた。指導の責任は、すべての先輩にあると考える。

◎——ある新人の運命

ある製造会社の、地方都市にある工場での話である。

この会社は工場が事業単位で、各工場には営業課があった。四月になって新人が入り、そのうちでもっとも成績のよかったA君が、営業課の内勤係のアシスタントとして配属された。

A君の配属を受けた係長は、間もなくかれについてひとつの新しい発見をした。それはかれが腰が軽くてよく動くが、指図されたとおりの仕事ができないということだった。指示されると内容を確認せずに自分の思い込みで見当違いなことをやったり、やらずもがなのことをやって他部門からの苦情が出る。

そのうちに係長は課長に頼んで、同じ課内だが、もっぱら販売の日報や月報、それに統計などの事務をやっている業務係の方に、かれを埋め込んでしまい、代わりに中堅の人をもらった。業務係では年輩の女性が中心人物で、かれは小さくなって事務をやっていた。

三年たって、かれはこの営業の事務から工場の現場事務所付きに回された。ここでは部品の手配をしたりいろいろな連絡をしたりする仕事だったのだが、これがよくなかった。例のクセが直っていないために、用が足りなかったり、間違った連絡で現場が混乱したりする。

「新入社員じゃあるまいし、三年もたっているのに何だ」ということになり、かれに非難が集中した。そのうちにかれは同じ種類の大失敗をし、工場の各所に迷惑をかけ、大目玉を食った。

かれはその直後、無届け欠勤のまま、退職金も受け取らずにズルズルと辞めてしまった。グレてしまい、まもなく姿を消した。噂では、ある暴力団のようなグループにいるという。

◎——部下の人生を左右する

後輩に接触する上で注意を要することは、**自分のやり方によっては部下の人生を左右するという自覚である**。このケースでは、この係長がA君に繰り返し注意し、まずいクセをとってしまうことをせず、クセをそのままに他係に出してしまったため、A君の転落が始まった。もしも係長がこのような逃げ方をせず、指導者としてやるべきことをきちんとやっていれば、A君は順調に進んだであろう。

ことは新人に限ったことではない。一般に後輩は、先輩のやり方を無意識に真似るものだが、先輩の妙なクセが後輩に伝染してその人をダメにしたり、能力の伸びないタイプになってしまうことは社内で無数にある。われわれは結果的に他人の人生を大きく左右しているのだということをどれだけよく自覚しているか、これが指導能力を考える上での出発点である。

部下を指導することが必要なことはわかるが、しかし自分は非力で完全なものではないから、その資格がないと考える人がいる。これは全く間違った考え方で、係長や職班長、主任、リーダーなどの職にある人はその能力の如何にかかわらず、ひとつの「役割」として、それを実行する責任を負っているのだ。

部下より能力が優れていればそれに越したことはないが、名投手必ずしも名コーチではなく、やる能力と教える能力は別のものである面もあるし、逆に能力があるために、かえって部下が育たないことも多い。部下を指導することは職能上の役割であって、個人の好みの問題ではない。

こうした組織上の指導責任が明確でない人も、先輩として後輩に対する義務を果たさなければならない点では同じである。親切に指導したい。

◎――人は仕事の手段にあらず

A君を預かった係長の場合、もうひとつ注意しなくてはならない重要な問題を含んでいた。

それは、**仕事のために人を犠牲にしてはならない**ということである。この係長はA君に手を焼き、課長に話して他係に回してもらい、然るべき人を得た。こうすれば係長の仕事はうまくいき、かれもラクをすることができるが、その反面でA君は犠牲になってしまった。人はいかなる意味でも、いかなる場合にあっても、仕事の手段ではない。仕事のた

仕事と人間

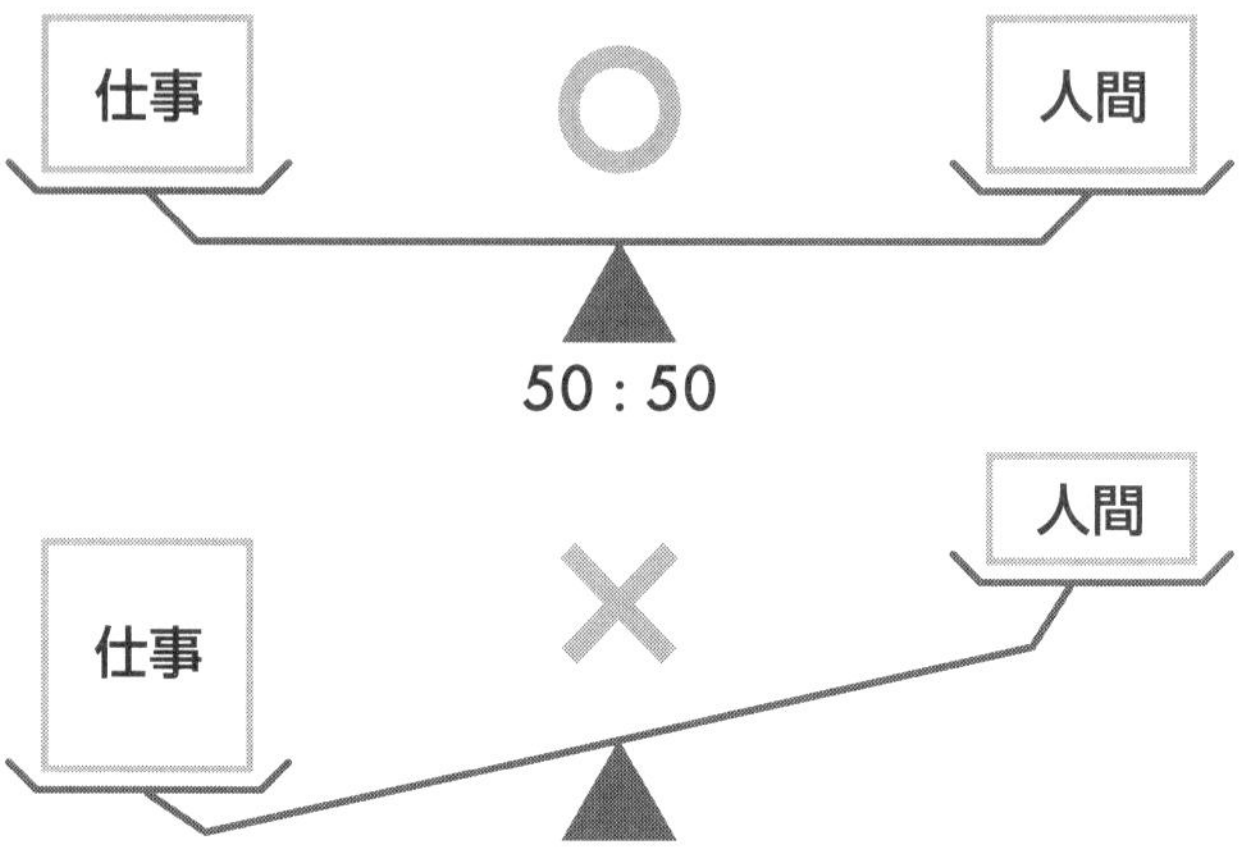

めに人を犠牲にするような会社には、誰でもいたいとは思わないだろう。

このケースは、自分の仕事がうまくいくことばかりを重視し、人の面を軽視した結果といえる。仕事の側面と人間の側面とはあくまでもフィフティ・フィフティでなければならず、自分の手数を惜しんで人をダメにするなどは、先輩のやることではない。

仕事の面は数字に出やすいが、人を育てたりやる気を起こさせたりすることは数字に見えにくいため、仕事の面ばかりを重視するというのは、人間として軽べつすべき点取り主義といえる。自分中心の人は、部下から見てすぐそれとわかり、信頼を失って、部下がついてこなくなってしまう。

この係長の場合は、A君に何度か粘り強く注意をしていけばこのクセは直ったであろう。わずかな手数を惜しんでやすきにつこうとするのは、後輩を仕事の手段として見ているといわれてもしかたがない。仕事の面にかける情熱と後輩にかける情熱は常にバランスがとれている必要がある。これができていないと信頼感を失って何時か仕事もうまくいかなくなるものだ。

指導の基礎は後輩が先輩を信頼しているかどうかであり、その上にやる気が出、完全に燃焼することによって、その人は成長する。信頼感ややる気なしに人は成長しない。

指導とは信頼感、やる気、成長の三つそれぞれに働きかける行為を意味する。以下その個々の問題で心掛けるべきことについて考えてみよう。

指導能力とは何か――まとめ

1 指導能力とは後輩に働きかけて信頼感を高め、やる気を起こさせ、考え方や能力を成長させることを指し、職場でのすべての先輩の義務である。

2 先輩はいろいろな意味で、事実上部下や後輩の人生を左右する。後輩の指導にあたり、この点を十分に理解する必要がある。

3 仕事への情熱と後輩指導への情熱はフィフティ・フィフティで、仕事のために人を犠牲にしてはならない。

4 指導能力は、信頼感、やる気、成長の三層構造から成る。この三つに働きかけて後輩を変化させるのが、指導の具体的な意味である。

2 信頼感を高める

◎――結局は自分の人柄

部下や後輩に信頼されるには、いろいろな要素が必要だが、そのなかでもっとも大きな影響をこれに及ぼすのは、指導する人の人間的な傾向であろう。

かれが利己的な傾向の人であるか、それとも他人のことをよく考え、よかれかしと努力する傾向を持つ人であるかには、後輩がもっとも敏感である。後輩の手柄を横取りする。面倒なことは部下に押しつけ、自分はラクをしたがる。上に迎合し、下に厳しすぎる。自分についてくる人だけによくし、そうでない人を冷遇する。いつも自分の点数ばかり気にしているといった印象を後輩が持つならば、不信を買うのは当然である。部下の眼というものは常に辛らつなものであることは、あなたの上役に対する眼と同様である。

自分が先頭に立ってよく働くか。皆の模範になるか。いつも先を考え、言うことが参考になるか。

人の見方は公平か。先入観をもって人を見ないか。一度にらまれるともう、うだつが上がらないなどとは思われてはいないか。

人間として正直な人であるか。かげひなたのない人か。変な勘ぐりをせず素直に話を聞くか。

公私の別のはっきりした人か。社用族的な傾向はないか。自分の時間と会社の時間の混用はないか。自分の私用を部下がやってくれるのを歓迎したり、手伝う人をよくするなどということはないか。

責任感が強く、仕事上必要なら困難なことに立ち向かっていく人か。あるいはやすきにつきやすい人か。自分の考えをハッキリ持っている人か。それとも人にいわれてグラグラしやすい人か。

むろん社内には誰一人として完全無欠の人物はいず、自分もその一人であるが、不信を買いやすい行動とは何かということは、自分の上役を見てよくわかっているはずである。ひとつ十分に注意し努力していきたい。

◎――部下をパンクさせると

信頼感を維持していくには、部下が困っていることを見つけ、これを上手に応援して成功させることが大切である。

部下は、いろいろなことで困る。営業で得意先をうまく落とせないで困っている。仲間の協力が得られないので自分の仕事がうまくいかない。他部門からの障害があって仕事が進まない。作業条件が悪くて疲れやすく苦情が多いなど、さまざまなことが起きる。

それを指導者が見て見ぬふりをしたり、ほかのことにかまけて手が回らず、ために後輩がお手あげになり〝玉砕〟してしまうと、みんなの同情はさらし者になった後輩に集まり、そして上役や先輩がカバーしなかったことに不信感が集中する。困ったときにちゃんと助けてくれないようでは、おちおち働けない。どうなってるんだということである。

これは上役が他のことで忙しすぎて時間がなかったときでも、部下は問答無用で不信のレッテルを張る。部下の心理としては当然のことで、いちいち上役の事情の有無を問わない。

上役や先輩は一人ひとりの仕事の進行状況を常時よくつかみ、パンクする前に応援に出動する必要がある。落としあぐねている得意先の説得を買って出る。まわりの協力が得られないで困っていたら皆を集めて話し、協力の分担と段取りをつける。他部門からの障害で困っているのなら課長に頼み、相手の課長と話しあってもらったり自分で話をつけてきたりする。

この場合、後輩を応援したりカバーしたりすることは、その行為によって自分がいかに後輩の人びとを大事に思っているかをあらわすことになる。部下や後輩の状況に無関心なリーダーには、不信感を抱きやすい。

困っている点をつかみ、タイムリーにカバーすること。ただしあまりベタベタ面倒見がよすぎると、後輩は依存心を起こし、能力が伸びなくなることに注意。

セルフ・チェック

あなたの部下または後輩に対するカバーのしかたは、

❑ このような失敗をおかし、不信感を潜在させている危険があるので、これからよく注意して行動する。

❑ あまりこういう種類のことは起こしていないと思うが、もう一度よく見直したい。

❑ むしろ応援のやりすぎで依存心を起こさせている弊があるので、調節したい。

❑ パンクもさせず、依存心も起こさせない状態を維持している。

◎――社内外影響力

二人が、課長に呼ばれて話を聞かされている。

「きみたち、この問題のことは心配する必要はない。とにかくどんどん進めてくれ、部長の方にはおれが言う。本社の方も大丈夫通るよ。しっかりやってくれ」

ところが二人が席に帰ってきて何かゴソゴソ話しあうのを聞くと、

「あんなこと課長が言ってるが、このまま進めて大丈夫かな」

「そこが問題だよ。おそらく部長を説得できないだろう。先月あったあの件も、結局課長の安請合いでおれたちが困った。もう少し待つといいよ」

「そうだな。もう少し様子を見るか」

上役がその上司や他部門を説得する能力がどの程度のものであるか。どの程度の社内影響力を持っているかは、部下の眼からはまる見えである。これは課長の例だが、係長、職班長それぞれの段階で同じことが起きる。

指導者が上役や他部門、あるいは得意先や仕入先などの外部関係者に対し、どれくらいの実質影響力を持っているかは、信頼感を測るひとつの尺度である。力があればついてくるし、力がないと知ると、安全な距離をおいてしか反応しない。

説得力と信頼感は、こうしてつながり、連動するものだということを、よく覚えておきたい。

◎——いやなことは自分がかぶる

どの部門にも、恥をかいてあやまったり、事故処理や不愉快な仕事、誰がやってもいやな仕事は起こるものだ。

こういうことは、指導者が先頭に立って片づけるのが原則である。分担関係からすると当然部下の誰かがやるのが自然な場合でも、誰がやってもいやな仕事は、その部下にやらせない方がよい。忙しくとも自分でかぶり、体裁の悪い思いをしてでも自分が処理するのが原則である。

筋だからと担当の部下にやらせると、それはいやな仕事の押しつけだととられることが多い。部下は潜在的被害者意識を持っており、指導者はラクなことばかりやってけしからんという不信感になりやすいからである。

誰がやってもいやなことは、自分が先頭に立ってかぶり、片づける。これは指導者の常識といえよう。

セルフ・チェック

あなたは、誰がやってもいやな一件を、

- □ 結果的に部下にやらせた形になっていることがある。
- □ そうは思わないが、それほど意識的にかぶってきたともいえない。
- □ これには注意して、自分が直接処理してきた。

部下の信頼感というものは、こわれやすい卵のようなものである。

こうしたことは意外に意識をせず、当然自分は部下に信頼されていると思って過ごしている人も多いが、これは決して楽観できるものではない。

部下後輩は、見ないふりをして上役や先輩をよく見ている。ことは自分自身の人柄に関することで、反省しなければならないことも多い。日常の行動を注意深くし、信頼感を一歩ずつ固め、また途中のちょっとした出来事でこわれることのないように注意したい。

信頼感を高める――まとめ

1 後輩から信頼されるか、されないかは結局、自分の人柄による。反省し、信頼をそこないそうな行動を避けなければならない。

2 部下や後輩の困っていることを見逃すと不信感が起きる。上手に応援してパンクさせないこと。

3 上役や同僚または外部に対する影響力が強ければ信頼感は増し、弱ければ減る。説得力を高める必要がある。

4 誰がやってもいやなことは、指導者がかぶるのが原則である。

3 やる気を起こさせる

◎──ガックリさせる悪いクセ

次は部下の動機づけ、いかにして部下のやる気を高めるかという問題である。

これは信頼感さえあれば何もしなくても自然に出てくるというほど簡単なものではなく、信頼感の基盤の上に、意識的に部下や後輩に働きかけることによってはじめて成功するものである。

どうやってやる気を起こさせるかを考える前に、どうやって部下や後輩をガックリさせないようにするか。この方が先決である。

現実の職場には、むしろこの例が多い。さきに述べたように「玉砕」させるなどはこの典型である。現実には、上役の個人的性癖に起因するものが多い。

部下がいろいろ提案を持っていくのだが、いつまでたってもその返事をせず、ウンウンうなずきながら何もしないという、にぎりつぶし癖を持った人がいる。これでは誰も積極的に提案はしなくなるのが当然である。

小さなミスに対してでも厳格すぎてガミガミ言い、失敗しないことばかりを重視する。過ぎた昔のことを覚えていて引き合いに出す。これでは部下が萎縮するのは当然である。

情緒不安定で感情の起伏が激しいタイプも部下が疲れ、やる気をなくす。しょっちゅう考えが変わるのも助からない。部下はそのうちに、どうでもいいやと投げ出したい気持ちになってしまう。

こうしたことを数えあげればキリがないが、これは自分で直すしかない。問題なのは、まわりは〝あ、また始まった〟と眉をひそめているのに、肝心の本人がまるでわかっていないことが意外に多いということである。のんきすぎるのは大問題。これは**職場の公害**である。

自分のどこを直すべきかをつかむのは、別に、それほど難しいことではない。ひとつは自分の上役のクセを見て自分がまずいなと思うもの、これが自分に伝染しないよう注意する。もうひとつはハッキリものを言う部下や後輩と飲んで聞き出す。奥さんが名批評者であることもある。とにかく、部下のやる気をなくさせる人にならないよう心掛けることが、動機づけの第一歩といえよう。

セルフ・チェック

自分は部下や後輩のやる気をなくさせるようなまずい性癖は、

- ❑ 自覚していて表に出さないよう、意識的に心掛けている。
- ❑ それほど悪性ではないと思うが、心当たりはある。
- ❑ そうしたものは持っていない（と思うのはもっとも危険だが、念のため）。

◎――人を長所から見る

人間には、誰でも長所と短所がある。長所ばかりで短所のない人はいないし、短所だけでいいところがないように見える人でも、意識的にさがせば、必ず長所は見つかる。

動機づけの基本は、**人をその長所から見る**ことにある。一人ひとりの美点を積極的に評価し、かれの可能性を信じるところから、すべては始まる。〝うちの連中はダメだ〟と心中で考えている人のグループは、それがいつか指導者の行動にあらわれて皆が沈滞する。不信を口に出すなどは、それこそとんでもないことで、論外だ。

初対面の部下にはとくに、ファースト・アプローチに注意する。まずい点が眼についても、これをストレートに口に出すのはいけない。初対面の部下は緊張している。相手とのつきあいを、まずい点を注意することから始めると、相手はガックリし、あとがよくない傾向がある。

欠点が眼についたらそれをまず忘れ、かれの長所を意識的にさがす必要がある。どんな小さなことでもよい。そしてそれを必ず、**口に出して誉める**。

「きみは随分仕事が速いんだな。もう終わったのかい」でもよいし、「字がうまいね。どこで習ったの」でもよい。短くパッと一言誉める。

この一言で相手は、もう自分のことをわかってくれたのかと思い、やらなければと考えるようになる。新しい部下や後輩のパートナーとの人間関係は、ここから始めるのが原則で、これで相手との間に心のかけ橋がかかる。こちらを信じてくれれば、あとは厳しいことを言っても素直に聞き、考えてくれるものだ。

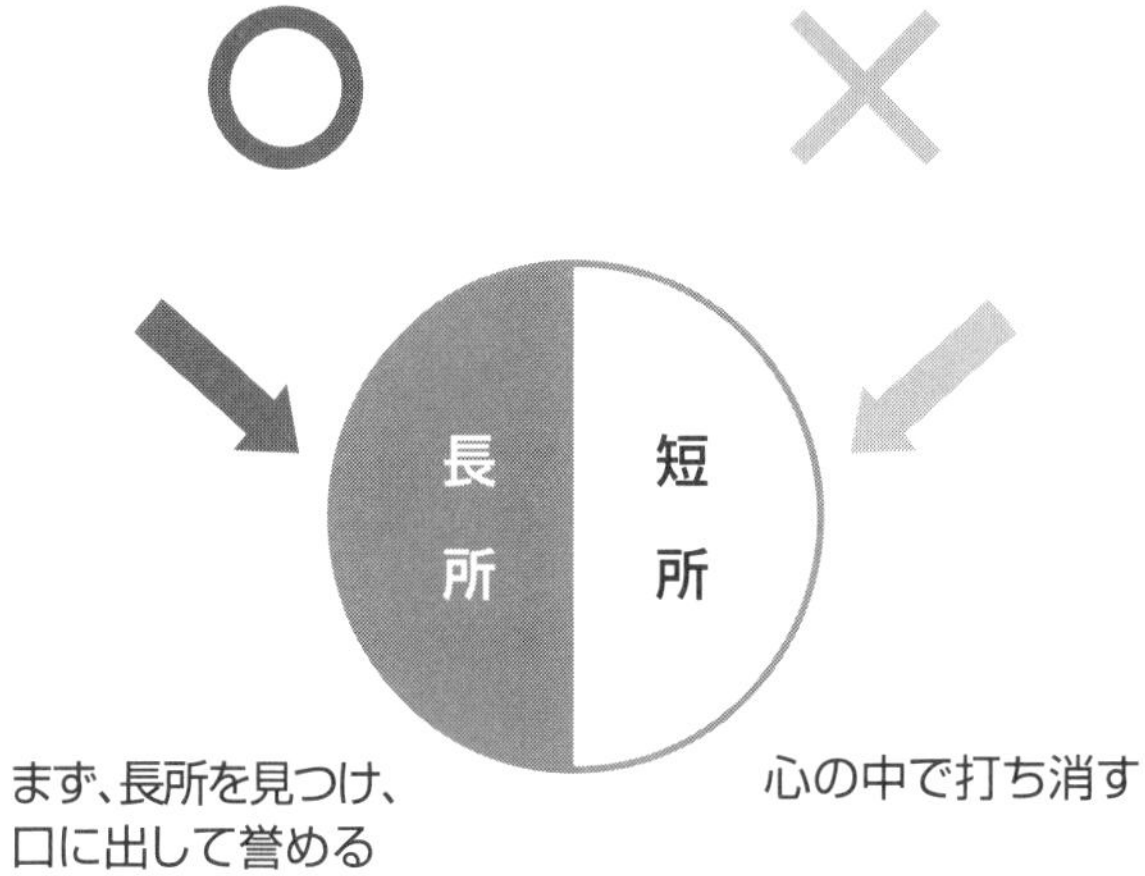

相手の長所を意識していても、口に出すのが照れくさくて言わないというのは、もっともよくない。動機づけは、自分の趣味でやるのではなく、指導者の役割としてやるのだ。口に出さなければ心は伝わらない。言わなくてもわかっているだろうという態度では動機づけはできない。

人を長所から見る。この態度を実際にあらわす方法として、このように行動したい。人間関係はすべて、その最初が大切である。

セルフ・チェック

あなたの部下や後輩を見る眼は、

- ❑ 人を長所から見て、美点を積極的に評価し、誉めるタイプである。
- ❑ 長所は認めているが、口に出さない傾向であった。
- ❑ あまり積極的に長所を見るという習慣ではなく、短所が気にかかる。
- ❑ この考え方の逆をやっていた。

◎——明確に反応する

やる気を起こさせるには、誉める、注意する、がハッキリしていなくてはならない。自分の部下や後輩は、誉められることによって自信がつき、さらに張り切る。見え透いたお世辞はダメだが、自分が〝いいな〟と思ったことは率直に誉めるのがよい。まずいと思ったことは、これも遠慮なくその都度注意する。注意というのは、一度にまとめてやると害がある。一時にひとつ。丁寧に感情を入れずにクールに話すのがコツだ。部下や後輩は、自分の行動に対して、上役や先輩が明確な反応、リスポンスをしてくれるかどうかを期待している。よいことをしても黙っており、まずいことも知らぬ顔というのでは、この人は自分という人間に関心がないと思い込み、横にそれる。誉める、注意するは、ハッキリしていなくてはならず、これが行われてはじめて明確な価値観を持った、躍動する職場ができる。

ただしこのことは、成功すれば誉め、失敗したら注意するという単純な図式ではない。成功したように見えても実は外部条件の好転や他の人の努力の結果が主因であったものを、自分の力と錯覚して有頂天になっているときは、これを冷やさなくてはならないし、同じ失敗でも本人が自分のまずさをよく知っていて意気消沈しているのなら、追い打ちは誤まりで、むしろ慰め自信を取り戻させる方が先になる。

部下や後輩から頼まれて引き受けたことはパッと反応し、すぐ処理や返事をすべきなのは当然である。自分の反応が鈍いと、相手も真似をしてやりとりの速度が落ち、だらけた気分をつくる。

自分のチーム内では、自分も相手も互いに敏速に反応し、陽性の雰囲気のなかで活発に動く。こうして回転速度が高まっていくと、部下はいつかその空気に巻き込まれてフル回転し始めるものである。**仕事は勢いだ**。敏速な反応と自分自身の回転によって、皆を渦のなかに巻き込んでしまうのがリーダーである。

セルフ・チェック

あなたは、自分の部下や後輩の行動に対し、

❑ 常にハッキリと敏速に対応して、皆を巻き込んできた。
❑ 反応は普通の速度で、とくに速いとも遅いともいえない。
❑ 部下の行動への反応は、どちらかといえば鈍いと思う。

◎――カウンセリングと相談

人間は誰でも、もともとやる気を持っている。

それは会社に入ったときの状況を見ればわかる。孤立してでも最小限働いてラクをしながら給料を欲しいと考える人は少なく、誰でも自分がこの職場で存在する意義のある、人があてにしてくれる人間でありたいと望んでいる。これはやる気そのものである。

しかし年を経たいまでは、やる気がないように見える人がいる。それはかれまたは彼女

にやる気がもともとないのではなく、持っているのだが、何かの障害要因によって出せない状態にあると見るのが正しい。

やる気の顕在化を妨げる障害要因はいろいろある。仕事が難しすぎて自信がない。基礎訓練を受けていないのでやり方のコツがのみ込めず自信がつかない。上役ににらまれていると思っていじけている。組んでいる相手が気に食わず不愉快だ。プライベートなことが大変で仕事どころでない。仕事の面白味がわかる前につらい仕事につき、逃げ一方になっているなど、そこには人によってさまざまの要因が働いている。

「やる気のないように見える人」は、自分でも満足しているわけではないのだが、本人自身が、どんな原因でそこに落ち込んだかが自分でもわかっていないことが多く、出口のないままに困っている。

先輩や指導者の役割は、この状態にある人と親しくなり、よく話を聞いてかれの障害要因をつきとめ、それをかれに自覚させて排除に協力することである。対策はかれの抱いている障害要因ごとに違う。

これは症状が軽い段階ほど直りも早いので、近ごろ何か乗っていないなと感じたらすぐ気軽に話しかけ、ゆっくり話を聞いて吐き出させ、それを一緒に考えるのがよい。吐き出すだけで直るものもあるし、本人が要因を自覚すれば直るものもある。先輩が対策を考えるべきことも当然出てくる。

見逃していて重症になっているときには、改めてカウンセリングをやる。仕事の場以外で時間をとり、ゆっくり相手の話を聞く。酒やお茶を飲みながら、一緒に遊びに行ったり、自宅に呼んで御馳走したりなど、とにかく仕事の場を離れる。

完全な聞き役に回り、途中で話の腰は絶対に折ることなく、相手の気持ちや心理、話を素直に同調して聞く。吐き出させてそれを考えながら聞き、障害をつきとめて手を打つ。

米国では、カウンセリングは心理の専門家の仕事だが、日本人は中堅社員なら誰でも、上手下手は別としてカウンセラーの資格があると思う。問題の人に火をつけ直すのは指導者として大事なことで、成功したときの喜びも大きい。

むろん早めに見つけて手を打ち、ここまで持ってこない方がよいのはいうまでもない。そのためにはまず、自分が部下から見て相談しやすい存在でなくてはならないし、忙しそうに見えたり決めつけられそうだと、相手は相談にはこない。注意したい。

セルフ・チェック

自分は部下や後輩から見て、
- ❑ 相談しやすい存在とは思えず、注意を要する。
- ❑ まあ普通だろうが、もっと考えたい。

◎――達成をともに喜ぶ

部下のやる気は、仕事を面白く思うところから始まる。仕事が面白くなれば、自分で仕事のなかへのめり込んでいき、完全に燃焼する。仕事が面白くなる源泉は、未経験の仕事にぶつかり、自分で工夫し努力した結果それを成しとげ、達成の喜びを自分で味わうことにある。このために重要なのは、かれがそれを成しとげたときの指導する人の行動だと思う。

指導者は後輩とともに達成を喜び、よかったなとその努力を誉めることを、仕事の一段落の都度正確にやることが大切だ。プロジェクト仕事の終了時には、やったプロセスを一緒に検討し直し、ともに喜び、これから心掛けることを確認しあう。

達成をともに喜ぶ習慣は、皆に仕事の面白さを深く感じさせる作用を持ち、それがやる気を加速する。また力を合わせて何かを成しとげた過程で同志意識が生まれ、互いの信頼感を深める作用をするものだ。

セルフ・チェック

この点であなたは、

❑ こまめに心掛けてやっている。

❑ ときにこれをやるが、もっときちんとやりたい。

❑ やっていないので、これから心掛ける。

やる気を起こさせる――まとめ

1 後輩にやる気を起こさせる第一歩はまず、自分の持つ「やる気をなくさせる悪いクセ」に気づいて、自分でそれを直すことである。

2 人を長所から見、初対面の部下や後輩とは、まず相手の美点を誉めることから人間関係をスタートさせる。

3 部下や後輩の行動に対し明確に反応し、手ごたえのある先輩となることが、後輩のやる気に直接の影響を及ぼす。

4 人には誰でもやる気がある。やる気がないように見えるときはその話を聞き、かれのやる気を阻害している要因を排除する手を打つ。

4 人を成長させる

◎──学ばれても心配ない？

われわれは、結果的に後輩の人生に責任がある。上役やリーダーの当たり外れで、人がよくなったりダメになったりすることは誰でも見ているが、育てることの第一に重要なことは、まず自分が部下にとって「当たり」になることである。「外れ」は絶対に困る。

「当たり」になるためには、自分自身の仕事のなかでの活動のすべての面で、どこから部下が勝手に真似してもプラスになるよう、模範となる行動を心掛けることであろう。立派な行動をする指導者のもとからは立派な人が自然に生まれる。とくに意識はしなくてもこれさえしっかりしていれば、一緒に働く部下や後輩は自然と感化され成長していくものである。

部下はなかなか油断はできず、変なところばかり真似てしまう傾向もある。仕事で疲れた父親が寝ころんでテレビを見ていたら、息子が並んで寝ころんで一緒に見始めたという例があるが、部下もこんなもので、決して油断はできない。

これがまず、成長させることの第一歩である。

セルフ・チェック

あなたの、部下に対する「模範性」について、

- ❑ 考えると問題が多少ある。よく注意したい。
- ❑ だいたい大丈夫ではないかと思うが、気をつけるべきことが少しある。
- ❑ 十分気をつけており、大丈夫だと思う。

◎——決めつけ厳禁

人を育てるには、まず相手が変化する可能性を信じ、絶対に〝やつはダメだ〟と決めつ

けないことが大切である。

人間は、先輩の指導や与えられた仕事、同僚の刺激などによって結構大きく変化するものだ。人間は素質で決まり、これが悪いとどうしようもないという考えは、自分がその気になって働きかけ、相手を変化させた経験がまだない人であるのにすぎない。

たとえば自分自身を考えてみても、このことはハッキリする。五年前の自分が、いまの仕事ができたかどうか。いまのような考え方をしていたかどうか。人は素質で決まるもので、変わりようがないというのは、自分の後輩に対する無力感をごまかそうとする一種の逃避だということもできる。一般には、経験の深い人ほど人間は変化するものと考え、浅い人ほど変化しないものだと考えやすい傾向があるが、この考えは相手に向かって踏み込んでいき、一度でも小さな成功をすると変わるものだ。

人を先入観を持って見ないことが大切である。かれはこうだとむやみに言いたがる人がいるが、これはよくない。人は毎日変化しているのだが、徐々にしか変化しないために変わらないように見えるだけである。

色眼鏡《いろめがね》で人を見るな。それは相手の成長を妨げようとする邪悪な行為である。

◎――やって見せる育て方

新人の指導係になったり、経験のない人を自分に預けられたりすることは、社員として一度は経験することである。新人または一人前以前の部下に対する育成の基本的アプローチは、「やって見せる育て方」であるといってよい。

山本五十六は、太平洋戦争で連合艦隊司令長官を務めた有名な軍人だが、かれに、

やって見せ
言って聞かせてさせてみて
ほめてやらねば人は動かじ

という歌がある。

仕事をまったく知らない新人に対する教育では、いままでの経験から現在でももっともよいと思われているやり方をそのまま新人に教えることであり、それにはまず、

①先輩がその仕事をやってみせ、質問を聞いて答え、
②次に新人にやらせ、

③その結果についてコメントをし、
④さらにやらせてコメントする。

といった手順で、手をとって教え込むのが標準だといえる。

新人には任せて放り出してはいけない。これをやると未経験なことにまごついていつまでも自信がつかずに参ってしまったり、変なクセがついて、あとから伸びなくなって困ることが起こる。自分が忙しいので手が回らず、〝まあ、自分で考えてやってくれ。困ったら相談してくれないか〟などとやるのは問題で、直接手が回らないのなら誰かに頼み、その進行をチェックすること。前に述べた新人の例でもわかるように、新人段階はよく注意していないとダメにすることが多い。「やって見せる育て方」をしっかりやり、確実なスタートをさせたい。

セルフ・チェック

自分の新人の育て方は、

❏ このとおり、キッチリとやっている。
❏ まあやっているといえるが、不徹底なので改善する。

❏ 任せっぱなしになっている傾向があり、これからきちんとやる。
❏ まだ、預かったことがない。

◎――根気でいく

新人指導のもうひとつのポイントは**しつけ教育**である。

いまの学卒新人は、家庭や学校で社会人としてのしつけを十分受けずに入ってくる例があり、それが入社してから問題を起こす。しつけ教育は入社直後がもっとも効果があり、最初の段階でビジネスの基本動作を完全に身につけさせないと、中堅社員段階になってもうだつが上がらなくなる。中途入社の人でも、欠点がある場合が少なくない。

しつけの項目は本書の第2章「基本動作の再チェック」の各項をチェックし、相手ができていないものからアプローチしていくのがよい。このほかにもいろいろあるから考えてほしい。

しつけのコツは一度にひとつ。一度にたくさん言っても直らないから、ひとつが終わったら次に移る。これはヒトのクセ、行動習慣を変えさせようということだから、一度注意を与えたらそれで完全に直ることはあり得ず、気づいた都度何度でも粘り強く注意を繰り返して、それを卒業するまで持っていく。

〝この前言ったのに何だ〟とハラを立てるのはスジ違いである。人間誰でもクセというものは、一度の注意では直らないものが多い。感情が出るとせっかくの相手の直そうとする気を損なう。冷静にクールに、相手にわかり切った内容でも、何度でも同じ言葉で繰り返す。目的は早く卒業させることである。根気はひとつの力だ。

粘り強く相手を指導することは、新人に限らず基礎のできた人びとに対しても全く同様に必要である。人は一度に激変はせず、毎日少しずつ変わっていく。だからこそ定着した力になるわけで、早く身についたものは早くはがれてしまいやすい傾向もある。

途中で根負けしてサジを投げてしまうというのは、先輩が後輩に負けてしまったことを意味する。育てるには時間がいるのは当然である。根気では自信がある人物でありたい。

セルフ・チェック

自分の指導上の根気や粘り強さは、

❑ これが足りないので、相手を変化させたという達成感が味わえない。

❏　人並みだと思うが、今後は万事粘り勝ちでいきたい。
❏　この点は卒業した。

◎——未経験に挑戦させる

仕事のなかで人の能力が伸びるには、ひとつの原理がある。経験によれば、人の伸びる要因というものは非常に単純なものらしい。伸びた人にこの期間の仕事の内容をたずねると、まず例外なしに、何らかの意味で、**未経験の問題にぶつかり、それらを何とか曲がりなりにも達成し、さらに未経験の問題にぶつかり、**といったことを繰り返している。これは「成長循環」とでも呼ぶことができよう。

この「成長循環」は自分自身の能力を高めるための原理であるとともに、部下の能力を高める方法でもある。いまの仕事をだいたい卒業しそうになったら、新しい未経験の仕事を与えたり担当替えをしたりする。逃げたがる人を励まし、それに取り組ませる。

一生懸命やり始めたら途中をよく見ていてパンクしないようにバックアップし、それを何とか切り抜けさせ、達成したら一緒に喜び、誉めて自信をつけさせるというのが、基礎

成長循環

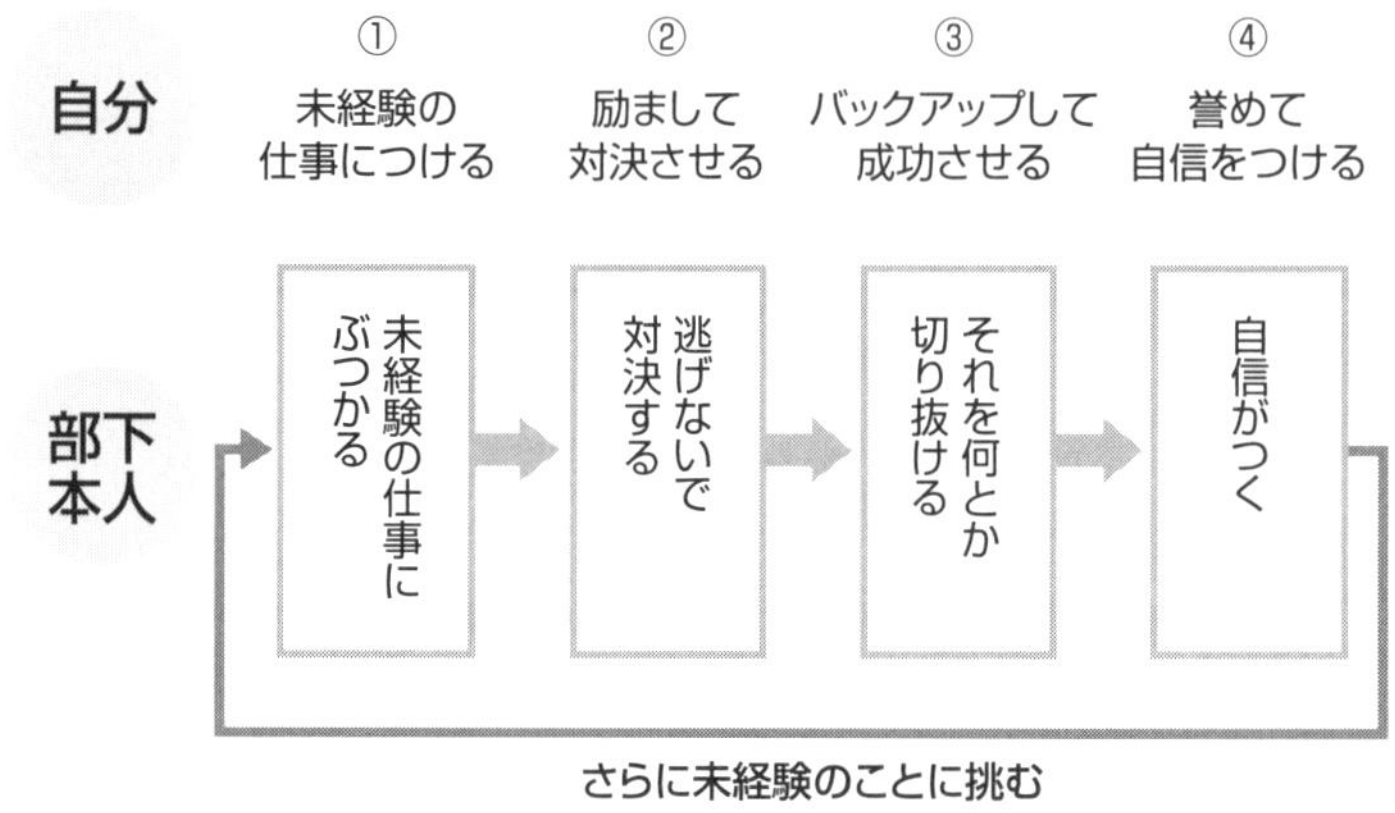

のできた後輩に対する基本的な育て方だ。

この、未経験の仕事につける、励まして対決させる、バックアップして成功させる、誉めて自信をつける、という各プロセスが人を育てることの具体的な意味で、最終的には本人が、自分にできるという自信のついた範囲を拡大させるのが育成ということの意味である。これをどれくらい、一人ひとりに対してきちんとやっているかが問題である。

セルフ・チェック

部下を成長循環に乗せるためのあなたの配慮は、

- ❑ 仕事ばかりに気をとられ、こうは気が回っていなかった。
- ❑ ときには考えるが、一人ひとりに何時も、という状態ではない。
- ❑ 常に全員を、このようにしてきたと思う。

◎──人を育てる喜び

アメリカに、インターナショナル・ハーベスター（現ナビスター・インターナショナル社）という、農業機械のトラクタートラックなどで有名な会社がある。幹部の育成には昔から熱心なところだが、かつてこの会社で面白い調査が行われた。それは部下を育てるのが上手だと見られている社内幹部を選び、この人びとにそれぞれ専門家をつけて、日常の部下とのやりとりや仕事の考え方、接触の方法を観察調査によって調べたのである。

その結果、こういうことがわかった。育て上手の人の共通点は、部下に対し、

タスクを与え

方法は教えず聞かれれば助言する

ということにあったという。

これは興味深いことを示しているようである。権限委譲ということで、全部〝よきにはからえ〟といった東洋風のやり方はしない。何時までに、どんな状態にせよ。あるいはこれを解決せよといった調子で、到達すべきゴールを明示する。

そして、それを達成するのに、どんな手順や方法をとったらよいかは言わず、もっぱら実施する本人に考えさせる。聞かれないのに指示や助言の押し売りはしない。聞かれたら言う。しかしこの場合も〝どうしましょうか〟といった手放しの質問には応じず、部下の考えに対する、考えられる他の方法や、陥りやすい危険、あるいは対処する態度姿勢の誤まりなどを指摘するというやり方である。

人の能力は、自分自身で仕事をどうしたらよいかを考えることの繰り返しによって向上する。ああしろこうしろと教えすぎると相手は自分に甘えて、すぐにどうしましょうかという発想になり、依存心によって人をダメにする。

目標を押さえて方法を任す。方法の任せ方も、相手の力をよく計算して最大限に任せ、応援すべきところはタイミングを逸せず最小限の要点だけにする。これが任せる育て方であり、仕事の経験と修練を経ることによって、この腕前は高級になっていく。

人を成長させる喜びは大きい。ぜひこれに熟達したいものである。

セルフ・チェック

任せる育て方について自分は、

- ❑ 目標を押さえず、細かく方法を指図する傾向が強い。
- ❑ それほどでもないが、ときに介入しすぎたり、または放任になったりする。
- ❑ この辺は卒業した。

人を育てるには、このほかにもいろいろのことがある。意地で部下と競争してはならないこと、任せるタイミング、仕事をうまく教材化すること、担当替えの要領や負荷調整など、考えるべきことはいろいろあるが、ここに述べたことが骨組みとなる事項と考えられる。

人を育てる喜びを十分に味わいたいものである。

人を成長させる――まとめ

1 人を成長させるための第一箇条は、模範としてどこを学ばれてもよいように、自分が行動することである。

2 人は誰でも伸びる可能性がある。むやみに人を決めつけるべきでなく、色眼鏡で人を見ないこと。

3 新人に対しては「やって見せる育て方」が正しく、かつビジネスの基本動作を粘り強さによって身につけさせるべきである。

4 後輩の能力を高めるには、逐次未経験の問題に挑戦させ、励まして正面からそれに取り組ませ、上手に応援して成功させ、結果をともに喜ぶこと。

5 目標を与えてやり方を任せ、バックアップする。これが育て方の秘訣であり、こうして人を成長させる喜びを、ぜひ味わいたい。

全体のまとめ――むすびにかえて

1 これからの時代には、全社員は会社の業績に直結した存在となる必要がある。アマチュアでなく**真の専門職**、**プロフェッショナル**となって利益を生み出す力を持つには、いままでの考え方や行動を省み、自分の新たな道を自分で拓かねばなるまい。

2 それにはまず組織人としての**基本動作**が完全に自分の身についたかどうかを再チェックし、問題があれば早期に修正して、自己の専門職としての成長を阻害しないよう心掛けたい。

3 基本動作の上に、**専門職の基礎となる正しい態度**を築く必要がある。〝どうしましょうか〟、〝できません〟を禁句とし、仕事に自信がついても謙虚に陶冶性を維持し、仕事の面白さを早く会得し、目標による自己管理能力を獲得したい。

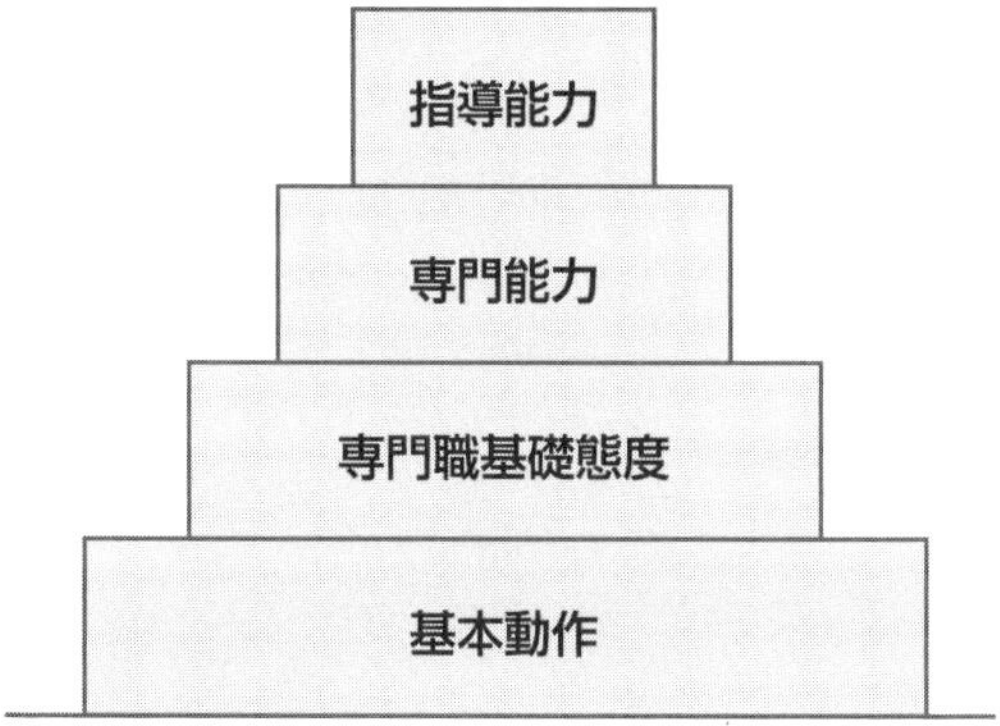

4 専門職として大成するには、自分の**固有専門能力**について基礎勉強をやり直しメンテナンスするだけでなく、企画力、改善力、管理力、表現力、説得力など**共通専門能力**を重視して、その腕を継続的に高めていく必要がある。

5 専門能力の上に後輩に対する**指導能力**を養う必要がある。まず信頼される先輩となり、やる気を引き出し、能力を成長させるための腕を磨く必要があり、人を育てる喜びを自得したい。

中堅社員の時代というものは、人生で体力気力がもっとも充実した、いわば脂《あぶら》の乗り切った時期である。新しい考え方や能力を獲得するにはもっとも効率が高く、この時期の経験や勉強の程度が、自分の会社生活のなかでの全成果を事実上決定してしまうといっても、過言ではない。

本書はある意味で、当然すぎることが書かれている。しかし当たり前のことを知識にとどめず、それを実行して業績に直結した存在となることは、決して容易なことではあるまい。知識の時代はすでに去り、実行して計量できるだけの利益を毎年会社に追加していけるか否かが問題の時代である。

みなさんのご健闘と、専門職、プロフェッショナルとしての大成を心からお祈りして筆を置く。

なお管理者としての勉強に興味のある方は、拙著『マネジャー・どう行動すべきか』を併せて読んでいただければ光栄である。

本書は、一九八二年に日本能率協会より出版された『社員革命』に、著者自らが加筆・修正を加え改題して刊行したものです。

著者紹介●

畠　山　芳　雄（はたけやま　よしお）

1924年、北海道帯広生まれ。
1949年、社団法人日本能率協会に入り、経営コンサルタント、幹部教育リーダーとして多数の企業、公社、公団などの調査、勧告、教育に当たる。専門は経営調査、幹部能力開発。
同協会理事長、副会長、顧問を歴任。2014年逝去。

著書●
『マネジャー・どう行動すべきか』
『役員・いかにあるべきか』
『こんな幹部は辞表を書け（正・続・続々）』
『新装版　サービスの品質とは何か』
『新版　部長・何を成すべきか』
『人を育てる一〇〇の鉄則』
（いずれも日本能率協会マネジメントセンター刊）ほか、多数。

［マネジメントの基本］選書
中堅社員・どう能力を伸ばすか

2006年4月10日　初版第1刷発行
2024年3月5日　第7刷発行

著　者 —— 畠山芳雄

発行者 —— 張　士洛
発行所 —— 日本能率協会マネジメントセンター

〒103-6009 東京都中央区日本橋2-7-1　東京日本橋タワー
TEL：03（6362）4339（編集）／03（6362）4558（販売）
FAX：03（3272）8127（編集・販売）
https://www.jmam.co.jp/

装　丁——倉田明典
本文DTP—有限会社タイプフェイス
印刷所——シナノ書籍印刷株式会社
製本所——株式会社三森製本所

ISBN978-4-8207-1676-1C2034
落丁・乱丁はおとりかえします。
PRINTED IN JAPAN